Confession d'un tueur à gages

MA XIAOQUAN

Confession d'un tueur à gages

traduit du chinois
par Marie-Claude Cantournet-Jacquet

ÉDITIONS DE L'OLIVIER

L'édition originale de cet ouvrage est parue
dans la revue *Furong* (n° 1, 2003)
sous le titre : *Fennu Qingnian*

La traduction française a été réalisée à partir du texte
non censuré fourni par l'auteur.

ISBN 2.87929.478.9

Je m'appelle Chu Xiaolong, Chu Petit Dragon, et je suis un hors-la-loi. Dans le milieu, je me suis fait une certaine réputation : question férocité, aucun des jeunes de ma génération ne m'arrive à la cheville. Tu as un ennemi, tu ne supportes pas la vue d'Untel ? Tu m'appelles et je te règle le problème. Crever l'œil d'un mec ou lui trancher les cinq doigts de la main gauche pour les jeter ensuite dans les eaux puantes de la rivière Chuancheng : je suis les instructions à la lettre. Si tu me paies le prix juste, je peux même le faire disparaître à jamais, il s'évapore dans la nature telle une goutte d'eau, sans laisser de trace.

Quel que soit le métier, il faut avoir des principes. De tout temps, on a eu du mépris pour ceux qui en manquent ; imagine que, même dans les activités les plus avilissantes, on peut avoir des principes ! Prenons par exemple A Hong, La Rouge, un joli brin de fille qui tapinait en indépendante, eh bien, son principe à elle était de ne pas sucer, même si on lui proposait un supplément. Un client qui voulait qu'elle le suce, là entre les jambes, a eu le toupet de lui sortir un billet de mille ; résultat, le billet a atterri sur le sol et lui, il s'est fait cracher dessus un bon coup à ne plus savoir où se mettre ; il en a perdu son assurance. Moi je sais que, dans sa tête, peu lui importait de ne pas être quelqu'un, elle fonçait ; pour ceux qui n'ont rien, c'est le seul moyen de contrer le destin. En réalité, être méprisable ou non, respectable ou pas, c'est très relatif. A Hong, elle, se livrait à une espèce d'activité commerciale dans laquelle on pouvait marchander et s'entendre sur le prix, il suffisait de lui offrir une somme raisonnable pour obtenir d'elle un réconfort des plus sincères et non pas une de ces marchandises de contrefaçon. Elle était en fait cent fois plus honnête que bien des commerçants et mille fois plus respectable que ces filles qui affichent un air arrogant mais ont une seule idée en tête : mettre le grappin sur un type plein aux as. Elle ne dépendait de personne, elle ne comptait que sur elle-même et restait fidèle à ses principes ; jamais elle n'aurait oublié d'envoyer en temps et en heure le mandat à sa vieille mère restée au pays ; voilà pourquoi je trouvais que c'était une fille bien. Moi aussi j'avais des principes : le client à corriger devait absolument mériter sa punition, sur ce point je ne transigeais pas. Alors, évidemment, les affaires ne marchaient pas toujours très fort. Peu importe, j'avais d'autres cordes à mon arc comme par exemple le recouvrement de dettes et, de toute façon, je ne suis jamais mort de faim.

Dehors, il doit neiger, le monde extérieur résonne de bruits assourdis. Ma cellule obscure est glaciale, mon édredon dur comme du bois ; je parie que la ouate de l'intérieur n'a pas vu la lumière du jour depuis des siècles. Je ne crains pourtant pas le froid ; l'hiver, il m'arrivait souvent de sortir torse nu et de me frictionner le corps avec de la neige. À quinze ans, j'avais comme un brasier à l'intérieur de moi. Personne ne s'occupait de moi. Grand-Mère était à la maison, elle dormait. À part elle, je n'avais personne. Qu'étaient devenus les gens de ma famille ? Papa, Maman ? Où étaient-ils partis ? Grand-Mère ne m'en avait jamais parlé et moi, je ne l'avais jamais interrogée. Toujours est-il que, du plus loin que je me souvienne, j'avais toujours vécu avec ma grand-mère. Elle était chiffonnière. L'été, habillée d'un large tee-shirt maintes fois rapiécé, elle s'activait un peu partout sous le soleil : elle était l'éboueur bénévole le plus consciencieux de notre petite ville. Vous pouviez la voir, le dos courbé, fouiller avec ardeur les tas d'ordures à la recherche de tout ce qu'elle pourrait y trouver. L'hiver, en revanche, lorsqu'il neigeait, plus question d'apercevoir sa silhouette où que ce soit. Grand-Mère avait horreur du froid ; aux premiers frimas, elle se réfugiait dans son lit branlant, elle tirait le rideau de jute et moi-même je la voyais rarement sortir, me contentant d'entendre ses constants accès de toux me parvenir de derrière le rideau, cela me suffisait. Grand-Mère passait ainsi tout l'hiver à tousser, calfeutrée dans son lit sans presque rien manger. Quand je rentrais de l'école, je trouvais mon repas sous une cloche placée en évidence sur la petite table noire. Il y avait très peu de plats ; des fois, juste une assiette de tranches de navet salé. Alors je me goinfrais de riz pour ne pas mourir de faim. Grand-Mère en cuisait de bonnes quantités car elle le savait. En réalité, elle faisait aussi de son mieux pour le reste mais elle n'avait pas les moyens de m'offrir davantage de viande ou de légumes : nous étions extrêmement pauvres. À l'époque, j'aurais préféré ne plus aller à l'école et l'accompagner sur les tas d'ordures en attendant d'être assez grand pour travailler comme coolie. Mais, quand je l'ai dit à Grand-Mère, elle m'a sacrément engueulé : je n'étais qu'un âne, je n'avais pas d'avenir… À force de me crier dessus, Grand-Mère en a pleuré ; elle a maudit le sort, soupiré que la vie était cruelle... Rien à faire, il a fallu que je reprenne mon sac de grosse toile. Grand-Mère l'avait dégoté sur un tas d'ordures, l'avait lavé, ravaudé et me l'avait collé sur les épaules ; il m'a suivi de l'école primaire aux années de collège. Je dois avouer qu'il m'a valu beaucoup de moqueries. Ceci dit, personne n'a jamais osé me dire quoi que ce soit en face sinon le sang aurait coulé ou quelqu'un se serait retrouvé avec le crâne fracassé. Tout le monde savait que j'étais d'un tempérament violent et n'hésitais pas à me bagarrer. En général, les petits voyous qui traînaient dans les rues ne s'y frottaient pas ; à la limite, ils auraient aimé m'avoir avec eux dans leur bande. C'était hors de question, Grand-Mère aurait eu trop de chagrin ; voilà pourquoi, prenant mon courage à deux mains, je m'étais résigné à reprendre le chemin de l'école. Devant la porte de la classe, j'allais sûrement tomber sur notre professeur principal ; c'était notre enseignant de mathématiques, un type à lunettes, sec et maigre, qui portait un costume à la Sun Yat-sen. Il ne me ratait jamais : Chu Xiaolong, tu as encore eu trois à ton devoir d'hier et moi, tout honteux, je restais planté à la porte, sans avoir le courage ni de rentrer ni de sortir. Je ne pouvais quand même pas le frapper, c'était mon maître. Il ne pouvait pas non plus me toucher : en fait, il aurait pu se débarrasser de moi en m'expédiant dans la classe des mauvais élèves, cela aurait été aussi simple que de jeter un sac poubelle aux ordures mais cette décision lui aurait coûté ; qui donc aurait pris la première place au concours de rédaction interclasses, hein ? Deux fois déjà, j'avais été premier. Le concours de cette année-là n'avait pas encore eu lieu, comment aurait-il pu se résoudre à me mettre dehors ? Ceci dit, il était sournois, peut-être comptait-il me flanquer à la porte au dernier trimestre… Je l'en savais capable. Je suis très intelligent. C'est Monsieur Huo, mon professeur de chinois qui l'affirme. Il dit que certains sont bons en maths, d'autres en lettres et ceux qui se débrouillent un peu dans toutes les matières n'excellent dans aucune. Moi, j'étais celui qui savait rédiger et par ailleurs possédait une étonnante mémoire : je pouvais réciter par cœur et à l'envers des dizaines de chapitres des classiques chinois sans m'arrêter, mais devant un devoir de mathématiques je devenais lamentable. Le professeur Huo ne pouvait me voir sans soupirer, il était malheureux pour moi. Toi, m'avait-il dit un jour, il faudrait que tu fasses des études de lettres à l'université et que tu deviennes écrivain. À la vérité, je n'aurais même pas réussi à être admis au lycée. Le professeur Huo en était parfaitement conscient, voilà pourquoi il était malheureux pour moi. Merde alors! Je n'ai jamais compris à quoi sert de nous pousser aussi loin en maths. La plupart des gens n'ont besoin de connaître que les quatre opérations, c'est tout ce qu'ils utiliseront durant leur vie. Les rares élèves qui sont portés sur la géométrie et sur les intégrales peuvent suivre des études supérieures plus approfondies à l'université. Que les maths servent à former le raisonnement logique, je le comprends; certains, qui débordent d'imagination, raisonnent comme des cochons, on n'y peut rien; il vaudrait mieux leur permettre de cultiver leur don. Pourquoi s'acharner à vouloir en faire des spécialistes de tout, au prix d'efforts et de souffrances inouïes et les empêcher par la même occasion de développer leur point fort? On aura beau punir et faire étudier un faucon, jamais il ne nagera alors qu'il vole à merveille! Moi, je me savais incapable de décoller; j'aurais quand même aimé voler mais eux, ils tenaient à m'apprendre à nager. Autant me résigner; c'était absurde mais je ne pouvais rien y changer. Nous sommes impuissants devant la réalité, c'est peut-être ce qui rend notre existence désespérée. J'étais aux abois et je voyais le visage hideux de l'examen de fin d'année approcher inexorablement, jour après jour. J'aurais pu m'en moquer complètement ou déchirer mes copies en mille morceaux mais, à l'idée que Grand-Mère en aurait le cœur brisé, je n'osais pas. Rien ne m'effrayait autant que cette échéance-là. C'était la deuxième décade de novembre, en 1992, et je venais de gagner le concours de rédaction du collège, mais je n'arrivais pas à m'en réjouir vraiment. C'était peut-être la dernière fois de ma vie que je remportais un prix. Ce pressentiment était tellement fort que j'avais l'impression d'être piégé dans les serres d'un oiseau de proie. Je suis rentré à la maison dans la bise qui sifflait sans m'apercevoir que la grosse toile jaune de mon cartable était en train de craquer peu à peu et que mes livres de classe, lourds comme du plomb, pointaient leurs arêtes mordantes. J'avais une faim de loup et une seule idée en tête : rentrer au plus vite. Je suis arrivé dans le *hutong*, une ruelle toujours humide, j'ai poussé la porte de bois grinçante et j'ai vu que la table était vide. À cet instant, patatras ! Le fond de mon cartable, complètement déchiré, s'est fendu et tous mes livres se sont échappés sans vergogne pour se répandre en vrac sur le sol. J'ai balancé ma besace par terre et me suis précipité pour tirer les rideaux du lit. Grand-Mère était déjà raide et ses draps couverts de crachats sanguinolents. La porte claquait, le vent glacial s'engouffrait dans la pièce. Hébété, je suis resté là plusieurs minutes avant d'éclater en sanglots.

Sous le coussin où la vieille femme avait glissé sa main juste avant de mourir, j'ai trouvé trois mille yuans en billets de dix attachés avec un élastique. Grand-Mère avait économisé toute sa vie, fouillant les tas d'ordures et ces billets de dix, soigneusement rangés et attachés, avaient été économisés sou à sou, mao après mao, yuan après yuan. Son projet avait toujours été de m'envoyer au lycée puis à l'université. Mais plus rien n'était possible. Je lui ai fait des funérailles, me suis prosterné trois fois sur sa tombe et j'ai quitté la petite ville de province où j'avais passé seize ans de ma vie, serrant sur ma poitrine les cent et quelques yuans qui me restaient. La neige, qui tombait précocement et en quantité exceptionnelle, avait surpris tout le monde.

Aujourd'hui, quand on me permet de sortir, juste là, dans la cour, je n'ai pas peur de me mettre torse nu et de me frictionner le corps avec de la neige. J'ai froid, pour sûr, mais cela me fait du bien. J'aime rechercher les sensations fortes, tu ne peux pas savoir à quel point c'est excitant mais je me suis imposé des limites : je refuse absolument tout ce qui pourrait nuire à ma santé. Se droguer, voilà qui doit être enivrant au possible mais je peux te jurer que je me fâcherais tout rouge contre celui qui oserait me fourrer de la poudre sous le nez. Mon meilleur copain, Hu Tou, Tête de Tigre, il s'est foutu en l'air avec ce machin-là ; il ne faut surtout pas me parler de jouer avec ce truc. Je ne fume pas non plus et, côté alcool, je me contente de vins fortifiants pour augmenter mon énergie vitale. Par contre, sur le plan sexuel, je suis plutôt insatiable mais jamais je ne m'esquinterais volontairement la santé comme ce mec qui s'est démoli en se faisant quatre filles; il a fini à l'hôpital sous perfusion et, même guéri, il ne s'est jamais complètement remis car il en avait pris un sérieux coup; quel crétin, ce mec! Pour la nourriture, j'ai la réputation d'être exigeant. J'en ai manqué, enfant. Quitte à gagner de quoi manger au péril de sa vie, autant ne pas se détruire la santé. L'argent ne suffit pas, il faut aussi s'y connaître car sinon on s'abîme l'estomac. J'ai toujours méprisé ceux qui avalent n'importe quoi n'importe quand. La couleur, le parfum et le goût comptent bien sûr beaucoup dans les plaisirs de la table mais j'insisterais plutôt sur la valeur thérapeutique des aliments. La nourriture est un meilleur médicament que tous les remèdes d'apothicaire, encore faut-il en user à bon escient, respecter le moment et la saison. De nos jours, les rues sont pleines de gens qui mangent de la viande de chien en été et boivent de l'alcool de serpent en hiver: ils font tout à l'envers. La viande de chien est une nourriture chaude, si on en mange en été, pas étonnant qu'on ait le feu à l'intérieur de soi; l'alcool de serpent est une nourriture froide qu'il faut éviter en hiver. Une fois que je n'avais pas pu me retenir de brandir ces arguments, on s'est moqué de moi. Un mec m'a tapé sur l'épaule et m'a rétorqué: maintenant, on a l'air conditionné, on peut inverser les saisons, on s'en tape. Il n'avait même pas réfléchi qu'en passant la porte il ne pouvait pas remplacer le souffle de la bise par un grand soleil. Bon, inutile de discuter avec ce genre de type; faisons en sorte de nous nourrir correctement, chacun pour soi, un point, c'est tout. Moi, je mange très lentement;

Su Li dit que je suis comme les loups : si je le pouvais, je mâcherais chaque bouchée de viande, rongerais chaque os jusqu'à ce qu'il n'en reste rien. N'empêche que, par la suite, elle a fait comme moi. Souvent, tous les deux, on commandait un serpent avec, en accompagnement, deux plats de légumes et une soupe : il nous fallait deux bonnes heures pour en venir à bout tellement on s'appliquait à tout décortiquer dans les moindres recoins. Je ne supporte pas les gens qui commandent des plats pour remplir la table et qui, ensuite, mangent en dépit du bon sens. Manger exige un certain raffinement, il faut être connaisseur et savoir choisir. Le chien, c'est du chien et la tortue, c'est de la tortue. On ne peut pas vouloir goûter à tout sinon plus rien n'a de saveur, on s'abîme l'estomac et on ne digère pas. Le mieux est de commencer le repas par des fruits, ça nettoie ; ensuite, on couvre avec de la soupe et, après manger, on boit du thé en jouant aux cartes ou on va chanter au karaoké près de la rivière. On attend d'avoir quasiment digéré pour s'offrir une séance de sauna ou chercher une jolie fille et faire un peu d'exercice avec elle. Autant te dire que je m'y entends en matière de plaisirs et de jouissance. La vie est courte ; la mienne en particulier risque d'être encore plus courte.

Avant Su Li, j'ai connu pas mal de filles ; A Hong a été la première. Quand je l'ai rencontrée, j'étais terriblement mal dégrossi ; mon complet flambant neuf mais trop serré me collait au corps ; je n'avais même pas coupé l'étiquette du fabriquant qui ornait toujours le poignet de mon veston. Le parfum qui m'a alors envahi les narines m'a intimidé, j'ai baissé les yeux, je n'osais pas la regarder.

– Voici Mademoiselle Hong.

Hu Tou me l'avait présentée sur le ton du vieux routier ; en fait, il n'avait que deux ans de plus que moi. Insolente, A Hong a ri :

– Oh ! Mais c'est un gamin !

Cela m'a mis en colère, j'ai relevé les yeux ; sur le coup, le regard que je lui ai lancé l'a effarouchée ; immédiatement elle a repris son sang-froid et allumé une cigarette. Hu Tou lui a murmuré quelque chose à l'oreille ; elle s'est mise à rigoler et m'a encore plus énervé. Un peu plus tard, nous nous sommes retrouvés seuls, tous les deux face à face, mais nous ne nous sommes rien dit. Des bouffées de fumée bleue sortaient d'entre ses lèvres rouges, les unes après les autres elles envahissaient la pièce.

– Ça ne me plaît pas que tu fumes.

– T'as dit quoi ?

– Je n'aime pas respirer la fumée.

– T'as des problèmes… hé, qu'est-ce que tu fais ? Hé…

Je n'avais rien fait, je lui avais juste arraché sa cigarette que j'avais jetée par terre et puis je l'avais enlacée très fort. C'était la première fois que je baisais une fille, ça a été brutal et catastrophique. Là où j'ai été le plus minable, c'est que j'ai eu beau chercher l'endroit ad hoc, je n'ai pas réussi à le trouver ; elle a de nouveau pouffé de rire. C'était purement et proprement décourageant. J'allais renoncer lorsqu'elle m'a retenu par une étreinte et m'a montré ; alors je l'ai pénétrée. Ce jour-là, je l'ai prise trois fois de suite et après, ça a toujours été pareil, sinon j'étais insatisfait. Quand j'ai eu fini, j'ai voulu la payer mais elle m'en a empêché. Je l'ai regardé avec de grands yeux qui l'ont fait rire. Elle m'a caressé le visage :

– Je n'aurais jamais cru que c'était ta première fois, merci beaucoup, vraiment.

Et elle a ri. Bien incapable de décrire ce que je ressentais, je suis resté muet.

J'aimerais te donner mon opinion sur les femmes, même si tu n'en as pas grand-chose à faire. Des femmes, il y en a de toutes sortes et toutes plus bizarres les unes que les autres. Mais, à mes yeux, il y a simplement les filles de mauvaise vie et les autres, les filles qui te plaisent et celles qui ne te plaisent pas. Certaines sont, dès leur naissance, destinées à être des catins ; si tu te comportes avec elles de façon un tant soit peu correcte, étrangement, elles se sentent mal à l'aise et ça peut même les étonner au point de te regarder de travers. Si tu les foules aux pieds, elles te traitent avec le sourire et te servent humblement sans hausser la voix. Il y en a d'autres avec lesquelles, au premier coup d'œil, tu sais qu'il ne sera pas question de te comporter en coureur de jupons ; au contraire, il faut les respecter. Je voudrais cependant ajouter que les filles de mauvaise vie ne sont pas forcément celles qui travaillent dans les instituts de beauté (comme A Hong, dont je n'ai jamais pensé qu'elle était de celles-là) ; on en rencontre beaucoup parmi les filles chéries de bonnes familles (comme Liu Yanmei, Prune d'Amour, la copine de Hu Tou). Quant à plaire ou ne pas plaire, les critères sont différents pour chacun d'entre nous ; mais, tous, nous avons notre propre instrument de mesure pour les jauger. Cette espèce de peson n'est pas un outil que l'on s'est soigneusement fabriqué avec le temps mais une aptitude innée. Par exemple, alors qu'elles sont aussi belles l'une que l'autre, Su Li me plaît alors que Liu Xiaoqing * me tape sur les nerfs. J'ignore pourquoi et n'ai aucune envie de chercher plus loin. Tout ce que je sais c'est qu'une fille qui me plaît m'attire et qu'une fille qui ne me plaît pas me donne envie de me tirer, c'est simple.

Prune d'Amour est la seule dont on n'arrive pas à se défaire bien qu'elle ne soit pas terrible à mon goût. À treize ans, elle a perdu sa virginité ; elle n'a pas été violée, elle y a renoncé de son plein gré. Elle avait quinze ans lorsqu'elle a connu Hu Tou en deuxième année de collège (elle avait redoublé une classe). À l'époque, Hu Tou débutait dans le milieu et il n'avait encore fait aucune action d'éclat ; quand cette fille de sa classe s'est jetée dans ses bras, qui plus est une « demoiselle » avec un père notable, chef de bureau et membre du Parti, il n'en a pas cru ses yeux, il a pensé qu'il avait tiré le gros

* Actrice de cinéma célèbre en Chine.

lot. Puis il a compris quel genre d'oiseau elle était, mais il était déjà dans la merde jusqu'au cou et il a tenté de s'en débarrasser, en vain. Pour ma part, je n'ai jamais compris pourquoi Liu Yanmei tenait tellement à fréquenter des canailles de notre espèce. Elle était d'une excellente origine sociale. Quant à son physique, je ne la trouvais pas attirante mais je lui reconnaissais un certain charme. En admettant qu'elle n'ait pas fait d'efforts en classe, son père aurait toujours pu se débrouiller pour lui obtenir, moyennant finances, une place à l'université et elle n'aurait pas eu non plus beaucoup à se décarcasser pour trouver un boulot. Comme par hasard, elle qui avait un brillant avenir tout tracé devant elle préférait se rouler dans la boue. Moi qui n'ai eu ni le choix ni la moindre chance d'atterrir ailleurs, je ne comprends vraiment pas.

L'année de mes seize ans, après avoir enterré Grand-Mère, j'ai quitté notre bourg de province et je suis parti à la ville ; ne connaissant et n'ayant personne chez qui aller, je dormais sous les ponts ou dans des buses de ciment ; il y faisait un froid mortel. Avec mes cent et quelques yuans, je ne survivrai pas longtemps. Plus d'une fois, je me suis fait avoir sur la nourriture : les patrons me maltraitaient sous prétexte que j'étais un gamin et qu'en plus je ne parlais pas le dialecte du coin. Ils prétendaient que je mangeais trop de riz et me faisaient payer un supplément ; du coup, le riz me coûtait plus cher que le reste du repas. Aujourd'hui, quand j'y repense, ça m'écœure ; la prochaine fois qu'on m'explique que l'homme est bon par nature, je crache par terre de dégoût, je tourne la tête et je déguerpis vite fait. Tous ces patrons, je m'en rappelle, j'ai retrouvé tous ceux que j'ai pu. Il y en a un qui avait fait fortune, il tenait un restaurant plutôt grand. Une nuit, sa devanture a volé en éclats. La soif de vengeance n'est pas seulement la loi inflexible de la jungle mais c'est une disposition naturelle chez moi. À seize ans, la flamme inextinguible du désir de vengeance m'a saisi et m'a fait voir rouge pour la première fois. J'ai ouvert tout grand les yeux sur le vrai visage de ce monde : la colère m'a mis hors de moi et voilà comment je me suis engagé dans la voie clandestine du banditisme.

Mon premier coup, ce n'était pas pour de l'argent mais pour un poignard. En m'approchant pas à pas du petit étal déroulé sur le sol, j'avais le cœur qui cognait comme un fou dans la poitrine et je redoutais que le propriétaire du stand, accroupi devant sa marchandise, ne l'entende. Mais ce dernier se contentait de fumer, le regard vide ; il était loin d'imaginer que quelqu'un avait jeté son dévolu sur sa quincaillerie de récupération et que ce quelqu'un était bien décidé à prendre des risques pour le voler. Devant lui, il y avait toutes sortes d'outils, des marteaux, des clés à molette et même des mèches pour perforer les pierres. Le poignard était là, juste à côté des forets : long d'un pied et demi, froid comme une couche de glace. On m'a heurté l'épaule et mon cœur a fait un tel bond que j'ai cru qu'il allait sortir de ma poitrine. Ouf! Quelle veine! Ce n'était pas la police, mais un de ces gamins étourdis. Je lui ai lancé un regard furieux; il a marmonné une excuse en me souriant. Encore une fois, j'ai pris conscience de combien on me redoutait, je me suis approché de l'étal, sûr de moi. Le sourire du marchand m'a pris au dépourvu; soudain, je ne savais plus comment agir.

– J'ai de la belle marchandise, a-t-il dit en me montrant son étal du doigt.

Je me suis accroupi et j'ai saisi le poignard, il n'était pas lourd et tenait bien en main.

– De l'acier inoxydable, très tranchant celui-là.

Pas besoin de préciser qu'il était tranchant, j'avais deviné.

– Cinq yuans, tu le veux?

Je me suis pincé les lèvres.

– Alors, tu le veux oui ou non? Si t'en veux pas, pose-le et arrête de regarder.

J'ai levé les yeux vers lui. Sa main a tremblé et sa cigarette lui a échappé des doigts. En un clin d'œil, j'avais filé à plusieurs mètres de là. Les passants s'écartaient précipitamment. Débordant d'audace et balançant mes bras de toutes mes forces, j'ai couru en direction du pont Qizi. Bizarrement, j'avais la frousse que des policiers armés de pied en cap soient là à m'attendre mais il n'en fut rien. Maintenant, en repensant à la scène, je me trouve ridicule d'avoir eu si peur. En réalité, je n'avais pas besoin de courir, j'aurais pu m'éloigner tranquillement après m'être emparé du poignard. Dans le monde où nous vivons, qui serait assez sot pour courir après un type armé d'un poignard, même le marchand ne s'y serait pas risqué. Pour un objet valant à peine deux yuans, celui qui aurait voulu me poursuivre aurait très bien pu y laisser la vie. Aujourd'hui, les gens sont plus calculateurs, ils aiment l'argent mais ils craignent la mort davantage qu'autrefois. C'est un constat que ma brève carrière de truand m'a permis de vérifier.

À dire vrai, quoique je sois un bagarreur de première, je n'aurais pas eu le toupet de me frotter à des gaillards d'un mètre quatre-vingts, je manque un peu de confiance en moi. Cela dit, manque de confiance ou pas, quand il fallait y aller, j'y allais. J'aurais pu m'attaquer à des adversaires d'un autre genre, par exemple des vieux, des femmes ou encore des collégiens issus de familles aisées, qui affichent partout une belle assurance et leur supériorité. Mais devant plus faible que moi, j'étais incapable de lever le petit doigt et, si je l'avais fait, je n'en aurais éprouvé que du mépris vis-à-vis de moi-même. Il ne me restait donc qu'à attendre patiemment que se présente une cible digne de moi. Depuis un jour entier, je n'avais rien mangé et mon estomac me faisait mal tellement il était vide. Par bonheur, le vêtement ouaté que je portais avait beau être grossier, il me protégeait du froid. Quand une nouvelle rafale de vent glacial est venue m'assaillir, j'ai rentré le cou et je me suis pelotonné dans ma veste. Un homme et une femme, serrés l'un contre l'autre, arrivaient en direction du pont. La femme était habillée de couleurs si vives que l'on aurait dit une boule de feu avançant dans la nuit. L'homme devait mesurer un mètre soixante-quinze au bas mot; on aurait dit qu'il portait une cravate. L'homme et la femme se parlaient à voix basse; de temps à autre des rires fusaient; ces paroles murmurées, ces rires complices déclenchèrent en moi un brûlant accès de jalousie. Sortant de l'ombre, j'ai bondi sur eux; je n'ai pas soufflé mot, j'avais en main le poignard, l'éclat froid de la lame d'acier a suffi.

Le résultat dépassa mes espérances: de lui-même, l'homme me donna sans attendre l'argent qu'il avait sur lui. Trois cents yuans me tombaient ainsi dans les poches et cela n'avait pas été très compliqué. Immédiatement, j'ai grimpé à bord d'un bus qui m'a conduit à l'autre bout de la ville; là, je me suis mis en quête d'un restaurant où j'ai mangé tout mon soûl.

Dès lors, les affaires marchèrent à merveille: je me suis fait cinq mille yuans en une semaine dont deux mille en une seule fois. C'était un homme d'âge moyen qui portait une moustache à la japonaise. Imperturbable, il m'a dit:

– Petit frère, l'argent tu peux le prendre mais le reste ne t'est d'aucune utilité, il vaudrait mieux que tu me le rendes.

Dans son portefeuille, il y avait ses papiers d'identité et une carte de crédit. J'ai pensé qu'il avait raison et, après avoir extrait les billets, je lui ai rendu le portefeuille. Les yeux de l'homme envoyaient des éclairs dans l'obscurité. Son attitude forçait mon admiration mais me faisait aussi un peu honte. J'ai tourné les talons et me suis vite enfui.

Cinq mille yuans, c'est énorme et, face à ce tas de pognon, je ne savais pas très bien quoi faire. À force de réfléchir, j'ai décidé de garder cinq cents yuans et de mettre le reste sur un compte. Pour aller à la banque, j'avais acheté un costume neuf et m'étais fait couper les cheveux de frais. Content de mon allure et le torse bombé, j'ai pénétré dans un lieu qui avait pour nom « Banque du Peuple ». Chemin faisant, j'avais remarqué d'autres banques, « Banque du Commerce et de l'Industrie » ou « Banque de la Construction », mais, n'étant ni commerçant ni entrepreneur, je pensais ne pas être admis dans ce genre d'établissement. « Banque du Peuple » : ces mots-là appartenaient à mon univers. Même si je n'avais pas été un élève particulièrement brillant, j'avais toujours été un membre du peuple à part entière. Fort de mon bon droit, je m'y suis précipité, plein d'enthousiasme.

À l'entrée, dans la loge du concierge qui était pleine de monde et bouillonnait du brouhaha des bavardages, personne n'a fait attention à moi. Je suis passé devant et j'avais déjà fait quelques pas quand j'ai entendu quelqu'un dans mon dos m'interpeller :

– Hé ! Toi, tu cherches qui ?

Après avoir dû rebrousser chemin jusqu'à la loge, furibond, je leur ai déclaré :

– Je suis venu déposer de l'argent.

Tous ceux qui se trouvaient rassemblés là ont éclaté de rire, couinant comme des canards. Ahuri, je regardais ces visages déformés, me demandant ce qui clochait dans ce que je venais de dire.

– Ici, on ne fait pas de dépôts. Dépêche-toi de filer.

– Il serait interdit de déposer de l'argent dans une banque ? Invraisemblable !

J'ai fait quelques pas en direction de ces gens qui se moquaient de moi. Un gros bonhomme à lunettes s'est approché et m'a expliqué tranquillement qu'on pouvait déposer de l'argent dans toutes les banques excepté celle-ci. Il n'avait pas l'air de vouloir me raconter des blagues, ce gros-là. Tout en me creusant la cervelle pour essayer vainement de trouver une solution au problème, je suis reparti. Par le plus heureux des hasards, j'ai aperçu, presque en face, une autre banque dont l'enseigne, au-dessus de la porte d'entrée, annonçait : « Banque Chinoise de l'Agriculture ». Après une brève hésitation, je suis entré ; après tout, je n'étais ni commerçant ni entrepreneur, mais je pouvais très bien être paysan, pas vrai ?

Une demi-heure plus tard, j'ai fini par ressortir de la banque avec un livret de dépôt sur compte courant qui rigidifiait la poche de mon sous-vêtement. J'avais à peine passé la porte que quelqu'un m'est rentré dedans. Le type s'est excusé mais ses deux mains se sont mises à fouiller la poche intérieure de mon veston où j'avais bourré les cinq cents yuans. Sans réfléchir, je lui ai immédiatement expédié un coup de genou dans le ventre. J'avais vu ça à la télé, que je regardais dans les vitrines de la rue, et ça a marché, le type est allé droit au tapis.

Aussitôt, trois mecs qui étaient à côté se sont approchés ; ils étaient tous un peu plus grands que moi ; chacun à son poste, ils formaient un demi-cercle qui se rétrécissait au fur et à mesure qu'ils avançaient, comme pour me prendre dans les mailles d'un filet. Je n'ai pas paniqué, je savais comment m'en sortir. Je ne pouvais quand même pas laisser leur piège se refermer sur moi comme sur un poisson mort pour qu'ils me passent à tabac ! J'ai sorti mon poignard. Je le faisais tournoyer à toute vitesse, l'éclat de la lame s'allongeait, il semblait soudain avoir deux pieds de long. Je frappais sans trop réfléchir. Emporté par l'exaltation du combat, je ne voyais plus que des silhouettes. Très vite, le filet s'est déchiré. Je m'en suis échappé et j'ai foncé dans une ruelle. Derrière, on me suivait. Rares sont ceux qui sont plus rapides que moi au sprint mais je ne tiens pas la distance car je m'essouffle et me vide complètement. Passé l'angle de la rue, je me suis arrêté, le dos collé au mur ; sur la main qui tenait le poignard il y avait quelques gouttes de sang mais ce n'était pas le mien.

Des bruits de pas se sont très vite rapprochés. L'homme était seul. Il courait très vite et n'avait pas ralenti au tournant. Pourtant le type avait du métier, il s'était bien gardé de longer le mur. En me voyant, il voulut s'arrêter mais il avait trop d'élan. Comment avait-il pu rater une occasion pareille, d'autant plus qu'il avait lui aussi un poignard en main ? Son poignard vola par terre, suivi d'un morceau de doigt. Mais l'homme était coriace, il revint à l'attaque ; il fallut que je le frappe dans le cou. Question anatomie, j'en connaissais un rayon : je savais que passait par là une grosse artère. Résultat : il tomba, paralysé. Grands et maigres, tous ceux qui arrivèrent par derrière blêmirent à la vue du spectacle. Je savais qu'il n'avait plus la force de s'échapper, alors je l'ai planté là en ricanant.

Trois jours durant, je suis resté à moisir dans le petit hôtel où je m'étais réfugié. Le quatrième jour, après avoir pris une douche, j'ai décidé de me mettre en quête d'un restaurant un peu meilleur pour m'offrir un bon repas. La nourriture de l'hôtel était infecte ; j'y mangeais à ma faim mais je m'y entendais en gastronomie désormais. Quand on a de l'argent, tout est différent. Si l'on est fauché, on avale n'importe quoi, comment voulez-vous qu'on s'intéresse au goût des choses ?

Je me sentais bien malgré le soleil un peu blafard car j'avais le corps brûlant. Je t'ai dit que j'avais le feu en moi. Après la douche glacée que je venais de prendre (le patron de l'hôtel n'en croyait pas ses yeux : je m'aspergeais directement avec le tuyau d'arrosage dans la cour), ce feu avait recommencé à affluer, plus ardent que jamais. J'avais plusieurs problèmes à résoudre : il me fallait trouver un endroit où habiter (je ne pouvais pas rester indéfiniment à l'hôtel) et il y avait aussi la question des filles (le mot à lui seul me faisait rougir jusqu'aux oreilles et m'embrasait tout entier), mais pour l'heure, c'était celle de la nourriture qui me préoccupait. Allais-je choisir un restaurant ordinaire ou le vrai luxe d'un établissement de standing ? J'hésitais, incapable de me décider. Il ne s'agissait pas de savoir si je pouvais ou non me le permettre, mais le style grandiose des grands restaurants me donnait un complexe d'infériorité. Je pensais que ces lieux majestueux étaient réservés aux belles dames et aux beaux messieurs ; par quel miracle un petit malfrat de ma trempe aurait-il été digne d'y mettre les pieds ? Pourtant, j'avais très envie d'y aller. Parce que l'entrée au lycée et à l'université ne m'avait pas été possible, l'entrée d'un simple restaurant me serait-elle aussi refusée ? Étais-je depuis ma naissance condamné à un sort minable ? Je n'y croyais pas.

Quelqu'un m'a touché l'épaule. J'ai fait un brusque écart sur le côté, prêt à sortir mon poignard. Heureusement, ce n'était pas un type de la bande de l'autre jour mais un garçon au sourire amical.

– Je m'appelle Hu Tou, Tête de Tigre. Tu t'es bagarré l'autre fois, je t'ai vu. Tu es redoutable. On fait amis ?

Il avait effectivement l'air d'un tigre mais je ne pouvais quand même pas lui accorder ma confiance comme ça.

– À quel titre ?

– Au titre d'ennemi personnel de ces mecs-là.

Face à mon air incrédule, Hu Tou a retroussé sa manche et m'a montré une balafre sur son bras droit :

– C'est à eux que je dois ça.

Le soleil faisait ressortir une longue cicatrice. Ses yeux brillaient d'une haine implacable. De nouveau, j'ai regardé autour de moi mais il n'y avait pas trace des gars de la bande. Alors je lui ai signifié que j'acceptais.

– Je vais déjeuner, tu m'accompagnes ?

Il voulait aller au restaurant d'en face mais je l'ai entraîné et nous avons sauté dans un bus arrivant en sens inverse. Nous sommes descendus à un arrêt au hasard et, à force de chercher, nous avons trouvé un grand restaurant, les « Précieux Délices » dans lequel nous nous sommes précipités d'un air décidé.

De son vrai nom, Hu Tou s'appelait Xu Jinting, Xu Le Pavillon de l'Or ; aucun rapport avec un tigre. Tout le monde avait oublié son vrai patronyme et tous l'appelaient Tête de Tigre. Pour la plupart, les gars du milieu avaient un surnom comme Hua Tou San Da Yang Gou *, des choses dans ce genre. Hu Tou pensait que son surnom l'imposait à la fois comme un tigre et un chef ; il souriait de satisfaction lorsqu'il entendait les gens l'appeler ainsi. Pour être objectif, il faut avouer que s'il était bien un tigre, le rôle de chef ne lui convenait pas. Je le dis sans le moindre parti pris, moi qui étais son meilleur copain. Hu Tou était féroce, loyal, généreux, il avait de l'expérience en suffisance mais un chef doit réfléchir vite, et Hu Tou n'était pas de taille, raison pour laquelle il tombait dans des guets-apens plus souvent qu'à son tour. Cela dit, il a eu de la chance : à sa place, d'autres seraient morts maintes fois.

Hu Tou, fringant et plein de vie comme toujours, m'a tapé sur l'épaule et m'a raconté son histoire. À treize ans, il s'était enfui à la ville avec son père pour gagner quelques sous ; pendant deux ans, ils s'étaient débrouillés

* Ces surnoms mettent en relief la supériorité de ceux qui les portent.

pour vivre tant bien que mal en se faisant embaucher sur des chantiers de construction. Et puis, son père s'était fracassé le crâne sur un tas de pierres en tombant d'un échafaudage, il était mort sur le coup. Non seulement le patron n'avait pas donné un sou mais il avait aussi flanqué Hu Tou dehors à grands coups de pied dans le derrière. Après avoir reconduit la dépouille de son père au pays pour les funérailles, Hu Tou était revenu en ville. Quand il avait commencé à comprendre que le mal dirigeait le monde, il avait intégré une bande. Comme il était toujours en première ligne des rixes, son chef l'appréciait et l'avait promu chef en second. Il s'était alors mis en quête du fameux patron de chantier pour lui éclater la cervelle après quoi il l'avait fourré dans un sac de jute lesté d'une grosse pierre et jeté au beau milieu du fleuve. À ce point du récit, je compris finalement pourquoi ce cours d'eau donnait envie de vomir ; il devait y avoir pas mal de cadavres en décomposition là-dedans.

– Tu n'as pas eu peur qu'on t'arrête ?

Hu Tou a éclaté de rire puis, baissant la voix :

– De nos jours, une vie humaine ne vaut pas grand-chose. Le budget de la Sécurité publique est loin d'être suffisant ; pour tirer une affaire au clair, on en est de sa poche. Qui donc voudrait chercher à en savoir plus une fois que la police a rendu ses conclusions surtout si la victime n'est pas une personnalité trop en vue ?

À cet instant, Su Li avait ouvert la porte. J'étais assis

tout près de l'entrée, j'ai jeté un regard vers elle, mon cœur a bondi et j'ai reçu comme une décharge électrique.

Quand j'ai eu achevé mes exercices de « gymnastique » avec A Hong, il était encore très tôt. Les réverbères éclairaient le fleuve comme autant de ronds d'une lumière froide et glacée. L'eau était calme, les poissons ne faisaient aucun bruit, aucun ne sautait dans l'onde tranquille comme si, depuis longtemps, ils s'étaient décidés à migrer ; les retardataires s'étaient retrouvés le ventre en l'air. Dans la lumière des réverbères, des ombres passaient. Je sentais sur moi le regard méfiant de chacune d'entre elles ; d'ailleurs, elles ne regardaient pas que moi. En ville, tout le monde s'observe ainsi, comme pour se protéger les uns des autres. Ici, ils ont l'habitude, je suis le seul à trouver ce mode de vie complètement idiot. En fait, je suis plus méfiant que la plupart des gens, je me méfiais même de Hu Tou ou de A Hong, je me méfiais de tout le monde. Depuis que Grand-Mère était morte, en qui pouvais-je avoir confiance sur cette terre ?

La silhouette de la jeune serveuse du restaurant me revint à l'esprit, sautillante et tellement vivante dans les couleurs de la nuit. Je ne lui avais pas encore adressé la parole et je ne savais ni son nom ni où elle habitait mais je sentais en elle une tendresse exceptionnelle.

J'avais à ma disposition mille et une façons de l'aborder : j'aurais pu demander à Hu Tou et ses acolytes de l'intercepter à mi-chemin après quoi je serais tombé du ciel, déployant ma force miraculeuse et mes prouesses martiales ; elle aurait été à moi mais je n'avais aucune envie de l'abuser ; même si, par une ruse quelconque, j'avais pu lui mettre la main dessus, je me serais ensuite senti très mal à l'aise. Hu Tou s'était renseigné pour moi : elle s'appelait Su Li, Su La Belle ; elle avait quitté sa campagne pour chercher du travail à la ville et loué un logement avec d'autres filles. Ce n'était pas très loin d'ici, à deux stations de bus, mais, après l'arrêt, elle devait emprunter une ruelle. On pourrait carrément la renverser dans son hutong :

– On commence par ça, après on verra, m'avait dit Hu Tou, rayonnant d'un large sourire.

Il trouvait son idée excellente. Je lui avais lancé un regard furibond et je m'étais levé.

– On va manger ?

– Où donc ?

– Tu me le demandes ?

J'avais opté pour un moyen plus simple qui avait aussi l'avantage d'être plus direct, comme quand je me bagarrais. Je savais que c'était aussi le plus efficace. Au moment de régler l'addition, je n'ai pas laissé de pourboire mais, dans la petite soucoupe, j'ai déposé une rose sans adresser un regard à la fille.

Elle a ri. Un rire discret que j'ai fort bien entendu.

Aujourd'hui, quand j'y repense, je trouve que j'étais terriblement rustre à l'époque : mon costard à cent balles était étriqué, menaçant de craquer à tout moment et, quand j'avais déposé la rose dans la soucoupe, j'avais le visage aussi tendu que les coutures de mon complet. Mais ce n'est pas pour cette raison que Su Li avait ri : c'était l'étiquette sur la manche. Pourquoi s'était-elle moquée ? L'étiquette d'un costume occidental ne se coupe pour rien au monde.

– Il faut enlever l'étiquette de ton costume, s'est-elle empressée de dire lors de notre premier rendez-vous.

Je ne savais fichtre pas où elle avait appris ces usages de merde mais j'avais dû me résigner à lui tendre mon bras gauche sans discuter.

Elle a ri puis a sorti les petits ciseaux bleu ciel qu'elle avait sur elle. Ses gestes étaient doux et souples, mais sa main tremblait légèrement.

– Tu es la combien chez toi ?

– La dernière.

– Des sœurs ?

– Deux grandes sœurs.

– Elles ont toutes les deux quitté la maison ?

– Elles sont à Dongguan.

– Et toi, tu n'iras pas là-bas ?

– Je n'ai pas envie.

– Quand tu auras gagné un peu d'argent, tu penses retourner chez toi ?

– Je ne sais pas.

– Ne me raconte pas d'histoires. Tout le monde fait ça maintenant : on part de chez soi et, une fois qu'on a gagné de l'argent, on rentre au pays se marier. Je parie que ton père t'a déjà trouvé un mari.

Su Li m'avait avoué par la suite qu'en m'entendant elle avait eu envie de me donner un coup de ciseaux et de me planter là.

– Alors, pourquoi n'es-tu pas partie, hein ?

– Parce que tu me plaisais, tiens donc.

– Moi, ce rustaud que j'étais à l'époque, pourquoi je t'ai plu ?

– Tu m'as plu parce que tu m'as plu, un point c'est tout, il n'y a pas de raison à ça.

– Quelle impression t'ai-je faite la première fois que tu m'as vu ?

– J'ai aimé ton regard clair et tes cheveux en brosse.

Tout en me disant cela, Su Li avait caressé mes cheveux courts et raides et elle avait enroulé ses cuisses autour de mes reins. Nous avions commencé à nous agiter avec fougue. Quand elle m'a rencontré, Su Li était vierge mais elle s'est très vite faite à la chose. La taille fine, les cuisses longues, les cheveux en désordre tombant sur les épaules, vive comme l'éclair, elle ressemblait aux eaux limpides du ruisseau de son pays natal. Sa peau me rappelait toute cette neige, sur la route, le jour où j'avais quitté mon village. Dans la neige, le feu qui brûlait en moi avait repris de sa vigueur.

Un temps, Hu Tou avait été jaloux des relations si intimes que j'entretenais avec Su Li.

– Bordel ! m'avait-il dit, furieux, quand tu trouves la bonne affaire, t'oublies tes copains.

J'avais souri sans lui répondre. Il était normal qu'il soit jaloux. Su Li avait plus de chien que Liu Yanmei. Elle était aussi d'un naturel bien plus agréable, et je sais qu'en réalité elle lui plaisait bien. Je ne le soupçonne pas sans raison : d'après mon intuition et ce que j'avais pu observer, j'étais sûr de ne pas me tromper. Mais cela n'avait aucune importance, un copain reste un copain, on ne se fâche pas pour une fille. Nous en étions tous les deux parfaitement conscients.

Au départ, c'est Hu Tou qui m'avait entraîné dans la bande mais un mois plus tard j'avais pris le large. À cela, pas d'autre raison que l'habitude que j'avais de mener ma barque seul ; discuter à droite et à gauche avec un tas de gens, ce n'était pas ma tasse de thé. Pour tout dire, je méprisais ces malfrats soumis à leur chef de bande. En vérité, ils n'étaient pas courageux ; ils comptaient sur le nombre pour donner une illusion de force mais leurs actions d'éclat consistaient à s'en prendre aux faibles et à ramper devant plus fort qu'eux. Si vraiment l'un d'eux insistait pour se mettre en avant et que l'adversaire n'était ni un enfant ni un infirme, il commençait à trembler de tous ses membres et, au moment d'attaquer, craquait et se mettait à pleurer. C'est la pure vérité. J'ai vu, de mes propres yeux, un de ces intrépides, en apparence si téméraire qu'on l'aurait cru capable de tuer un tigre tout au sommet de la montagne ou de capturer un dragon dans la profondeur des eaux, pisser de peur dans son pantalon parce qu'il avait été chargé de garder la bande adverse à distance. Quand j'ai compris la situation, je suis allé prendre sa place sans quoi les autres lui auraient éclaté sa cervelle de porc. La honte ! C'était vraiment la honte !

Dès que Hu Tou sut que je voulais quitter la bande, il frappa du poing sur la table en me lançant un regard furibond et me renia : je n'étais plus son frère, je n'étais pas loyal et je refusais de l'aider. Tous ses reproches étaient inutiles, je partirais puisque je l'avais décidé. Toutefois, je lui expliquai clairement que je tenais à notre amitié et que cela n'avait rien à voir avec le fait de quitter la bande. Alors, il accepta mon départ :

– Comme tu voudras, c'est comme tu voudras, dit-il, l'air résigné. De toute façon, tu n'avais pas bu le sang de coq et tu n'étais donc pas encore vraiment des nôtres. Le chef ne t'en voudra certainement pas.

– J'attendrai que ce soit toi le chef pour revenir.

Comme il n'y avait personne dans les parages pour nous entendre, j'osai aborder le sujet tabou. Hu Tou se mit presque à trembler en scrutant les environs. Lui qui n'avait peur de rien et qui aurait osé défier le ciel et la terre craignait son chef, un dénommé Wang Yichuan. Je ne le blâme pas car moi aussi, en présence de Wang Yichuan, j'avais un peu la chair de poule. Il était, comment dire, tellement normal, ni grand ni petit, peu loquace, mais tous ceux qui gravitaient autour de lui dans un rayon de trois pieds se retrouvaient enveloppés par un souffle insidieux qui s'infiltrait à leur insu jusqu'au tréfonds de leur être au point de leur donner terriblement mauvaise conscience. Chaque personne, chaque chose peut être maîtrisée par une autre. Hu Tou était soumis à son chef, comme une marionnette dont on tient les ficelles. J'avais horreur de ça, pourtant, une fois intégré à la bande, je n'avais plus eu mon mot à dire. Quand je l'ai compris, je me suis félicité d'avoir pris cette sage décision.

– Comment vas-tu vivre maintenant ?

– Je pense me remettre à mon compte.

Hu Tou, sans dire un mot, me prit par l'épaule.

Je voudrais te parler encore un peu de Su Li. Après la mort de Grand-Mère, elle était devenue le personnage féminin le plus important de ma vie. Je n'oserais pas dire que c'était de l'amour mais, dès que je la regardais, je me sentais bien, je n'avais plus envie de la quitter, j'aurais pu donner ma vie pour elle. Voilà, inutile d'épiloguer, j'aurais l'air de mentir si je disais encore plein de jolies choses comme ça.

Ce qui m'a tout d'abord séduit en elle, ce sont ses yeux, des yeux de Phénix terrestre, tellement ensorceleurs qu'ils vous faisaient fondre au premier regard et dans lesquels il n'y avait pourtant rien de frivole. Sur ses joues, deux halos colorés rouges lui conservaient le naturel de ses origines campagnardes. Elle avait à la fois la séduction des filles de la ville et le charme d'une fille de la campagne, à toi de choisir ; une fille pareille, où aurais-je pu en trouver une autre ? Cela eût été idiot de ne pas la garder bien serrée sur mon cœur.

Su Li était plutôt économe, il n'y a que sur les achats vestimentaires qu'elle ne lésinait pas. Elle avait un don inné pour s'habiller, au point qu'elle aurait pu écrire un livre sur l'art d'assortir styles et couleurs et je te garantis qu'on se le serait arraché ; en couverture et à l'intérieur, il aurait suffi de reproduire des photos d'elle dans des vêtements différents. Su Li savait s'habiller de façon remarquable, sans jamais tomber dans l'extravagance, elle suivait la mode avec discrétion et mesure, conformément à sa personnalité. Su Li n'était pas d'un naturel arrogant, elle laissait tranquillement agir son charme et qu'une seule personne l'apprécie véritablement lui suffisait. Cette personne, précisément, ce fut moi, raison pour laquelle j'estime que mon sort n'a pas été tragique de bout en bout.

Ensemble, nous sortions manger au restaurant, traîner dans les magasins ou chanter au karaoké, au bord de la rivière. Je suis un peu gêné d'évoquer la fois où nous étions dans notre loge en train de chanter et où nous avons cédé à une soudaine impulsion. Nos ébats étaient couverts par le bruit de la musique, nous avions même oublié de fermer la porte à clé. Nous n'avions pas songé que la patronne pourrait nous apporter un thermos d'eau bouillie. Lorsqu'elle est entrée, nous sommes restés un moment cloués sur place dans une position embarrassante. Elle, au contraire, a souri et s'est retirée en posant le thermos près de la porte. Inexplicablement, il est beaucoup plus excitant de faire ce qui en principe est interdit et dont on ne peut s'empêcher malgré tout. C'est un plaisir sans début ni fin. Quel mot décrit le mieux ce genre de sensation ? « À cœur joie » : c'est le mot, s'en donner à cœur joie, voilà ce que j'ai éprouvé. Et Su Li ? Elle était allongée sur moi, à plat ventre, comme morte. Le calme après la tempête lui avait procuré un bonheur qui l'avait laissée sans voix.

Après cette première fois, nous nous sommes installés ensemble officiellement. Nous avons loué un deux pièces en banlieue de façon à ne plus avoir à craindre que Hu Tou ou les copines de Su Li nous surprennent quand nous faisions l'amour et à pouvoir tranquillement essayer de nouveaux trucs. Su Li n'avait pas d'exigences folles et moi, malgré mes appétits, je tenais à ménager ma santé alors, le plus souvent, nous collaborions à des plaisirs successifs, nous épargnant l'un à l'autre les excès. Je n'ai rien à dire sur elle, elle était très bien à l'exception d'une seule chose : quand elle n'envoyait pas d'argent chez elle, cela me mettait mal à l'aise. Je n'ai pas l'habitude des gens qui n'ont aucun sentiment de piété filiale et je ne voulais pas que ma copine soit comme ça. Apparemment, Su Li n'était pas du genre à ne s'occuper que de son propre plaisir alors pourquoi agissait-elle ainsi ?

Ma première affaire, c'est Hu Tou qui me l'a procurée. En me tapant sur l'épaule, il avait dit au client :

– Voici grand frère Long. N'allez pas croire qu'il est trop jeune, il n'a jamais rien raté.

Quand je dis « client », c'est ma façon à moi de parler ; habituellement on l'appelle le « Patron ». Il ne me donnait pas l'impression d'être si riche, je pouvais donc l'appeler comme j'avais envie et puis il fallait encore voir si j'allais ou non accepter. Le client se nommait Liu Dali, il portait un costume à l'occidentale un peu élimé : il n'avait pas l'air plein aux as et pourtant il a mis dix mille yuans sur la table sans rechigner. J'ai reçu un coup au cœur ; attendait-il de moi que je tue quelqu'un ? Je l'ai interrogé avec naturel et sur un ton indifférent. Ses yeux ont soudain rougi. Je n'avais jamais vu ça, je n'ai plus su quoi dire. Après avoir cédé à l'émotion, Liu Dali s'est repris. Les bras croisés, je le regardais du coin de l'œil ; ce bonhomme éveillait la pitié et il était plutôt méprisable. Il a fini par ouvrir la bouche.

– Tu dois m'aider à castrer ma femme.

J'ai sursauté et je l'ai regardé, incrédule.

Liu Dali a saisi ce que je voulais savoir ; à voix basse, il m'a avoué :

– Elle « vole » les hommes *.

Il s'était exprimé de façon alambiquée. Je pouvais le comprendre : pour un homme, tant que le sang coule dans ses veines, il n'y a pas pire infamie que celle-là. Mais avait-il pour autant le droit de castrer sa femme ? J'ai tenté de lui faire entendre raison, lui expliquant qu'il ne pouvait pas décharger sa haine sur sa propre femme ; en revanche, les hommes qui avaient profité d'elle devaient payer. Liu Dali secouait la tête, le sang

* L'expression chinoise, traduite ici littéralement, désigne l'adultère commis par une femme ; en français, on dirait : elle me trompe.

lui montait au visage; j'étais loin d'imaginer ce qu'il m'expliqua ensuite. Voilà ce que je compris: ce n'était pas la faute de ces hommes car sa femme était une dévergondée. En d'autres termes, elle était une femme de petite vertu qui éprouvait le besoin, pour se sentir bien, d'écarter les cuisses et de se laisser prendre par n'importe qui. Je méprise ce genre de femme (mais ne le déteste pas); mais de là à m'attaquer à une faible créature ou, pire encore, la mutiler, je ne pouvais vraiment pas accepter. Résistant à l'attrait des dix mille yuans, je lui ai dit:

– Pourquoi ne pas divorcer?

Il a hoché la tête et a bredouillé:

– Je ne peux pas m'y résoudre.

– Mais si vous faites mutiler votre femme, vous devrez la nourrir jusqu'à la fin de ses jours.

– C'est bien ce que je compte faire.

En vérité, cette misérable avait un homme qui l'aimait au point de la haïr. Il n'y avait rien à redire. Devant mon mutisme, Liu Dali s'est empressé de préciser:

– C'est tout l'argent qui me reste. Frère, je compte sur toi pour me rendre ce service.

Je l'ai arrêté d'un geste de la main: non pas qu'il ne m'offrait pas assez, mais je ne pouvais vraiment pas m'attaquer à une femme.

À son tour, il a essayé de me convaincre:

– Tu n'as qu'à te persuader que c'est pour une bonne cause.

Après avoir réfléchi, j'ai souri :

– Il y a bien un moyen ; je vous assure qu'après ça elle n'ira plus se risquer à courir à droite et à gauche.

Une lueur a éclairé le regard de Liu Dali.

– Su Li, j'ai quelque chose à te demander.

– Accouche !

Aux moments les plus inattendus, Su Li lançait une expression un peu vulgaire, vite et bien fort, dont elle avait honte dès qu'elle l'avait prononcée ; elle a étouffé son rire derrière sa main.

Je me suis efforcé de reprendre un ton un peu plus sérieux et je lui ai dit :

– Quand nous faisons l'amour quel est le moment où tu te sens prête à ce que je vienne en toi ?

Su Li m'a lancé un regard courroucé tout en rougissant jusqu'aux oreilles.

– Est-ce quand tu commences à être mouillée que je peux venir en toi et que tu trouves ça bon ?

Je faisais en sorte de lancer cette hypothèse avec le plus grand calme. Devant mon air concentré et comprenant que je ne me moquais pas d'elle, Su Li a fini par acquiescer et par avancer d'une petite voix :

– Pourquoi me demandes-tu cela ?

Perdant patience, j'ai répondu :

– Comme ça.

Su Li a jeté vers moi un regard craintif puis, baissant les yeux, elle s'est mise à jouer avec ses doigts pendant un moment avant de m'interroger :

– Tu ne veux quand même pas aller voir d'autres filles ?

– Si, bien sûr.

J'ai dit ça d'un ton léger, en souriant. J'ai observé Su Li : elle a enfoui son visage dans ses mains et elle a pleuré. Comment les femmes peuvent-elles pleurer aussi facilement, avec des larmes qui coulent, qui coulent, comme l'eau du robinet ? Je l'ai prise dans mes bras :

– C'était pour rire ! Pour te taquiner.

– Alors pourquoi me demandes-tu tout cela ?

Manifestement, je lui devais des explications. J'ai obtempéré en lui parlant à l'oreille.

– C'est vrai ?

Elle m'a regardé avec de grands yeux et s'est mordu les lèvres pour finalement éclater de rire. Sur ses joues, les traces de ses larmes n'avaient pas encore eu le temps de sécher.

– Alors tu dois me promettre, tu ne le feras pas.

Elle m'a entouré de ses bras en levant les yeux vers moi et, posant son menton sur ma poitrine, elle m'a imploré d'un air triste. Quelque chose de tout mou a surgi au fond de mon cœur. J'ai caressé ses cheveux et j'ai promis. Collée contre moi, Su Li a lentement fait glisser son corps pour venir coller ses lèvres contre mon oreille :

– Je suis toute mouillée, a-t-elle murmuré.

Gai Feifei s'était révélée être une catin invétérée. Il est des femmes sans beauté particulière qui excitent tous les mâles ; Gai Feifei était de celles-là. Après l'avoir vue entrer dans l'immeuble de logements collectifs en portant un gros paquet, j'ai demandé à Hu Tou :

– Qu'est-ce que tu en dis ?

– Super, on va l'avoir !

Hu Tou a soufflé un bon coup et j'ai remarqué que la braguette de son pantalon enflait. À voir sa tête, il brûlait d'envie de foncer immédiatement, mais il fallait d'abord se replier du côté de la rue pour attendre que l'autre gibier arrive.

Des gens allaient et venaient. Hu Tou et moi, accroupis au bord du trottoir, avions l'air de deux coqs de combat. Certains nous contournaient et passaient leur chemin ; d'autres, des jeunes filles pour la plupart, nous observaient à la dérobée, craintives et curieuses. Je répondais à leurs regards avec un sourire indifférent ; quant à Hu Tou, il fumait et se moquait éperdument du reste, lançant de temps à autre des regards en biais aux gens autour de lui.

– Hu Tou !

Toute joyeuse, une fille l'avait hélé ; on eût dit qu'elle cherchait à se faire remarquer par tous les passants. Hu Tou a froncé les sourcils. Je n'aimais pas ça non plus. Il fallait que cette Liu Saomei réapparaisse un jour ou l'autre et, comme par hasard, c'était justement à ce moment-là. Liu Saomei, Putain de Prune, c'était le surnom que j'avais donné à Liu Yanmei, Prune d'Amour, seulement je ne l'appelais pas ainsi quand je m'adressais à elle. Nos mines renfrognées ne l'ont pas dérangée le moins du monde et toujours avec le même engouement, elle a tiré Hu Tou par le bras :

– Viens, on va s'amuser.

Hou Tou n'a pas bougé. Il est resté muet. J'ai craint qu'ils ne commencent à se disputer.

– Tu as encore séché les cours ?

– Arrête avec ça, tu me gonfles.

– Qu'est-ce qui t'est arrivé ?

– Cette horreur de prof m'a interrogée exprès.

– En classe, il est normal de se faire interroger.

– Tu ne comprends rien. Il sait très bien qu'une fille comme moi est incapable de répondre, il l'a fait exprès et il m'a passé un savon devant les autres, pas moyen d'échapper à la honte. Je n'allais pas continuer à écouter ce tas d'âneries alors je suis partie pour lui faire perdre complètement la face.

– Tu n'as pas peur qu'il te renvoie de l'école ?

– Qu'il ose ! Maintenant ça suffit ! Arrête de me bassiner. Vite, allons-y !

À ce moment-là, le type grand et maigre enveloppé dans un imperméable s'est pointé. J'ai donné un coup de coude à Hu Tou. Dès qu'il l'a aperçu, il a dit à Yanmei en grinçant des dents :

– Déguerpis. On a du boulot.

Interloquée, Liu Yanmei s'est tournée vers moi. Je lui ai fait signe d'obéir. Elle s'est enfin décidée mais elle semblait extrêmement contrariée.

Une demi-heure plus tard, nous nous sommes discrètement introduits dans l'immeuble. Il était désert car c'était la reprise du travail. Nous sommes montés au deuxième étage à pas de loup. Lorsque j'ai collé mon oreille contre la porte de droite, j'ai entendu du bruit ; j'ai pensé qu'ils avaient fini leur affaire et qu'ils étaient au lit en train de se dire des choses répugnantes, encore engourdis. J'ai sorti la clé et, tout doucement, j'ai ouvert la porte. Mission accomplie, je n'avais pratiquement pas fait de bruit. L'appartement comportait deux pièces : un salon et la chambre sur la droite, conformément à la description de Liu Dali. Des rires filtraient à travers l'embrasure de la porte. En entrant, Hu Tou sortit son couteau avec un sourire inattendu au coin des lèvres dont je n'aurais su dire quelle mauvaise intention il cachait. L'un derrière l'autre nous avons surgi dans la pièce. Après les hurlements de terreur, le calme est revenu, entrecoupé par quelques lamentations. Le couteau appuyé contre les reins, le type à l'imperméable n'arrêtait pas de trembler sur ses membres longs et maigres. Son instrument entre les jambes qui, l'instant d'avant faisait le paon, était recroquevillé sur lui-même en bien piteux état. D'une main, j'ai immobilisé le cou de Gai Feifei pendant que, de l'autre, je lui enfonçais l'oreiller dans la bouche. Elle avait le visage tout rouge et les jambes entortillées. J'ai avalé une gorgée d'eau avant de dire à Hu Tou :

– Vas-y.

Hu Tou m'a refilé son couteau puis s'est déshabillé à toute vitesse. Il a sauté sur le lit et le matelas s'est mis à bouger. Il n'était pas là pour plaisanter. Dans le feu de l'action, il a envoyé promener les draps et c'est là que j'ai vu les jambes de la femme bien serrées autour de la taille de Hu Tou. J'ai souri et j'ai regardé l'homme qui gisait à côté. Mon regard méprisant au possible l'avait rapetissé de moitié. C'eût été accorder une faveur à ce minable que de l'écharper, non, vraiment, ce n'était pas la peine. Il suffisait de le laisser là, nu et tremblotant. Par ce temps un peu frais, on est tout retourné et on a froid après avoir éjaculé ; je ne serais pas étonné d'apprendre qu'il a fini par tomber sérieusement malade. D'un air dédaigneux, j'ai détourné mon regard. Du côté du lit, on aurait pu croire à un minitremblement de terre. Bordel ! L'oreiller que Gai Feifei avait dans la bouche n'y était plus ; c'était sûrement Hu Tou qui le lui avait retiré. Toutefois, Gai Feifei était là, la bouche grande ouverte sans émettre le moindre son. Tous les deux avaient apparemment atteint le point de non retour, l'un venant, l'autre allant à sa rencontre à un rythme presque frénétique. Involontairement, je serrais les dents comme si je participais à l'effort. Soudain, sans plus bouger, ils sont restés là, immobiles. Hu Tou a poussé un profond soupir, la tête penchée entre les seins de Gai Feifei. Étonné, j'ai vu la main de Gai Feifei caresser les cheveux de celui qui venait de la violer, le sang m'est monté à la tête, je me suis approché et j'ai écarté Hu Tou pour fourrer à nouveau le coin de l'oreiller dans la bouche de la femme. Elle a ouvert les yeux et m'a regardé d'un air à la fois charmant et plein d'effroi. C'était réellement une salope. M'efforçant de contenir la fureur qui bouillonnait en moi, j'ai sorti un bâton d'un pied de long et de deux pouces de diamètre, de quoi flétrir de honte nombre de sexes masculins. Sans lui laisser l'occasion de réagir, j'ai enfilé le bâton et je l'ai agité à toute vitesse. Gai Feifei était effectivement une vraie traînée, même avec un bâton, elle était toute mouillée. Mais cela n'a pas duré car la plus grosse vague de jouissance était passée. Si je lui avais d'abord imposé Hu Tou, c'était pour épuiser son liquide vaginal ; au moment où son sexe serait sec, ce serait à moi de jouer et, là, elle comprendrait que ce genre d'activité n'avait pas que des bons côtés. Je voulais qu'elle réalise qu'il faut toujours assumer les conséquences de ses actes et qu'elle se mette dans le crâne qu'il vaut beaucoup mieux que l'homme se ménage à ce jeu-là. Cela devenait plus pénible de faire aller et venir le bout de bois. Ma main perdait de sa force mais ce n'était pas de la fatigue : je devais me ressaisir, m'endurcir le cœur, pour continuer. En regardant, impassible, les larmes qui inondaient le visage de cette traînée, j'ai subitement ressenti du plaisir dans ma cruauté impitoyable. Pour tout dire, j'avais très envie de la baiser. Je l'aurais certainement mieux fait que Hu Tou. Ce genre de femme ne court pas les rues : cinq filles comme A Hong ne lui seraient même pas arrivées à la cheville. Mais je devais tenir la promesse faite à Su Li. Pour que cette sensation de malaise disparaisse, je devais fermement me résoudre à lui infliger une bonne correction. J'ai changé de main et accéléré la cadence. Gai Feifei se débattait désespérément mais en pure perte : Hu Tou lui immobilisait les mains et moi, après avoir grimpé sur le lit, je maintenais ses cuisses écartées avec mes deux jambes exposant ainsi au regard son sexe dans les moindres détails. Ses grandes lèvres et les petites maintenaient le bâton bien serré et, malgré elles, ne cessaient de se déplier et de rentrer tour à tour. Je pouvais entendre ses cris de douleur résonner dans son utérus. Le bâton s'enfonçait toujours plus profondément. Collé au lit, son derrière rebondi tentait de se déplacer mais elle n'avait aucune chance de m'échapper. Après que le bout de bois, à force de cogner, l'aurait complètement broyé, cet endroit deviendrait un trou noir n'engendrant que d'infinies souffrances. Sur les bords de ce trou, elle n'avait pas de poils. C'était donc elle le fameux Génie du Tigre blanc de la légende, ce démon qui, pour les hommes, est synonyme de calamités sans nom et qui empêche ce monde de connaître la paix. Espèce de petite tortue molle dans ton imperméable, tu as vu ça ? Tu as bien vu ? C'est pour toi que je vais exterminer le Génie du Tigre blanc sinon elle finira par aspirer tout ton fluide vital, jusqu'à la dernière goutte, jusqu'à ce que ton vêtement soit complètement vidé de toute substance, après quoi ce souffle maléfique t'emportera. Liu Dali, tu as vu ? Tes dix mille yuans n'ont pas été foutus en l'air, désormais et pour toujours, ta femme adorée aura une peur panique de se livrer à ces turpitudes. Mon sexe était tellement raide que ça me faisait mal mais le bout de bois que j'avais entre les mains était plus dur encore. J'avais très envie de l'enfoncer toujours plus profond et d'entendre un dernier cri d'horreur. Par la suite, tout redeviendrait calme et ce trou noir sans fond ne risquerait plus jamais de se rouvrir tout grand; plus jamais il ne causerait le malheur des hommes.

Je n'en pouvais plus.

Le bâton s'arrêta brusquement. Hu Tou m'avait empoigné la main en me regardant avec les yeux d'un tigre prêt à me dévorer. Quand on l'a retiré, l'extrémité du bout de bois était rouge. Prenant ma place, Hu Tou l'a enfoncé une fois encore et s'est mis à l'agiter avec brutalité. Tout comme moi, il avait atteint un degré d'excitation tel qu'il lui était devenu impossible de se contrôler. Il n'y a rien de plus excitant que d'infliger une bonne correction à une femme volage, rien de plus pleinement satisfaisant que la vue des larmes et du sang.

L'autre, dans son imperméable, accroupi par terre, vomissait.

Quelqu'un a ouvert la porte du salon: j'ai compris qu'il était temps de déguerpir. Je savais qu'à l'instant où il y aurait danger, Liu Dali manifesterait son héroïsme et son inébranlable tendresse.

En sortant de l'immeuble, Hu Tou était content et satisfait.

– La prochaine fois que tu as une mission aussi amusante, n'hésite pas à m'appeler, je suis ton homme.

J'ai serré les dents et je n'ai pas répondu. Alors, Hu Tou m'a donné un coup de coude.

– Pourquoi tu fais la gueule?

– Ce soir à huit heures, je t'attendrai au bout du pont.

– Et maintenant, tu vas où ?

– Voir Su Li.

– À mon avis, elle t'a bel et bien ensorcelé, tu ne peux même plus rester un seul jour sans elle.

Je lui ai rétorqué presque méchamment que, moi, je ne m'étais pas défoulé ! Puis j'ai sauté dans un bus. À l'intérieur, les gens formaient un bloc dense, devant, derrière, à droite, à gauche, c'était tellement bouché qu'on ne pouvait pratiquement pas bouger. Une main collée contre mes fesses s'est mise à se déplacer lentement. Semblant ne rien remarquer, j'ai continué à regarder par la fenêtre devant moi. Soudain, je me suis retourné et, des cinq doigts de ma main droite, j'ai harponné cette main indélicate et je l'ai tordue de toutes mes forces ; j'ai parfaitement entendu le bruit des os qui se cassaient et j'ai vu un visage se déformer, pris d'une peur panique ; j'étais soulagé mais, tout de suite après, j'ai regardé autour de moi, très inquiet. Heureusement, je n'ai vu briller nulle part l'éclat glacé d'une lame de poignard. Le type devait être un solitaire ou une âme errante qui n'avait pas encore été admis dans un gang. J'avais eu de la chance. En fait, ce genre d'endroit ne permet pas d'exploiter à fond l'art du kung-fu même si on est un as ; quand tu te retrouves encerclé par plusieurs gars malintentionnés et armés d'un poignard, il n'y a qu'une porte de sortie : la mort. En réalisant cela, j'en avais presque des sueurs froides ; par bonheur, les gens commençaient à s'agglutiner du côté de la descente du bus ; l'arrêt était encore loin du restaurant mais j'ai sauté.

Quinze minutes plus tard, je descendais d'un autre bus ; j'ai pris à gauche sur deux cents mètres avant d'arriver aux « Précieux Délices ». Je n'ai eu qu'à lever les yeux pour apercevoir Su Li ; elle sortait de la porte tournante, chancelante, ses hauts talons martelant le trottoir d'un pas hâtif ; on aurait dit qu'elle était à deux doigts de tomber. Derrière elle, un homme est sorti en trombe et s'est précipité à sa poursuite : la quarantaine, l'allure d'un migrant arrivé tout droit de sa campagne ; il l'a appelée à grands cris, puis il a tendu le bras et l'a arrêtée dans son élan. Concluant que c'était sans doute mon jour de rencontres avec le diable, j'ai foncé et je l'ai flanqué par terre d'un coup de poing, prêt à le fouler aux pieds.

– Non !

Su Li m'a retenu, toute rougissante. Déjà, l'énergumène se relevait en vomissant un torrent d'injures :

– T'es qui, toi ? T'as pas à te mêler de ce qui se passe entre cette fille et moi.

Interdit, je suis allé au-devant de Su Li. Elle a baissé les yeux sans broncher. Un attroupement s'était formé autour de nous. Je n'avais aucune intention de me donner en spectacle. Je me suis approché :

– Si tu veux m'engueuler, allons ailleurs, ai-je dit à voix basse.

Su Li a relevé la tête :

– Viens, suis-nous.

Quand nous sommes arrivés au bord de la rivière, la rougeur avait complètement disparu du visage de Su Li. D'un air dur et résolu, elle s'est adressée à l'homme :

– C'est tout à fait inutile que tu me demandes de rentrer.

– Pourquoi ?

– Puisque je te le dis, c'est inutile.

– Ma petite, je suis ton père, évite de me mettre dans une situation embarrassante.

À ma grande surprise, son père, changeant brusquement d'attitude, la suppliait.

– Tu as du toupet.

Les yeux de Su Li étaient embués.

– Première grande sœur et Deuxième grande sœur sont parties à cause de toi. Quant à moi, je sais bien que tu veux me marier mais tu n'as jamais pris la peine de me le dire.

– Je n'ai pas le choix. Nous sommes pauvres et ta mère nous a quittés trop tôt.

– C'est parce que tu es un paresseux bon à rien qui ne cultive pas ses champs et ne sait rien faire d'autre que de nous taper dessus tous les jours.

Suffoqué, le père de Su Li a préféré se taire ; ses yeux ont roulé dans leurs orbites avant qu'il avoue en pleurnichant :

– Mon enfant, je suis un père indigne mais j'ai déjà pris la dot. Ils sont venus te réclamer plusieurs fois et menacent maintenant de brûler notre maison.

– Tu n'as qu'à leur rendre la dot, c'est tout.

– Je ne peux pas, j'ai tout dépensé.

– Combien ?

– Cinq mille. Comment vais-je m'en sortir ?

Il s'est accroupi par terre en se prenant la tête entre les mains. L'essentiel était dit. Avec la plus grande courtoisie, je me suis approché pour l'aider à se relever. Il m'a dévisagé, fixant sur moi un regard trouble. J'ai souri :

– Je me présente, je suis le petit ami de Su Li.

Le bonhomme, étonnamment, s'est mis à opiner du chef. Je lui ai confié à l'oreille :

– À vous, je peux dire la vérité : Su Li n'est plus vierge, inutile de la ramener à la maison.

Il s'est figé, comme foudroyé, et m'a regardé d'un air abruti. Mais, quand il m'a vu sortir de ma poche une grosse poignée de billets avec les têtes de nos grands dirigeants (ceux que je comptais placer), son regard s'est ravivé.

– Voilà cinq mille yuans, prends-les, disons que c'est mon présent de mariage. Désormais, Su Li est à moi, il ne faudra plus venir l'embêter, t'as entendu ? ai-je martelé en ricanant d'un air mauvais.

C'est alors seulement que son cerveau s'est remis à fonctionner ; il s'est empressé d'accepter. Il a empoigné les billets et les a fourrés à l'intérieur de sa veste. Sa vue me devenait insupportable ; j'ai entraîné Su Li et nous sommes partis. Elle regardait sans arrêt derrière elle. Au bord de la rivière, le vent soufflait fort, il balayait ses longs cheveux qui venaient dissimuler son visage et propageait ses sanglots jusqu'au milieu du cours d'eau. Su Li pleurait en marchant ; elle pleurait comme pour évacuer toutes les larmes retenues pendant plus de dix ans. Je ne l'ai pas consolée. Moi aussi, j'avais envie de pleurer mais, finalement, je n'ai pas versé une larme, j'ai juste serré sa main dans la mienne un peu plus fort. Sa main à elle était si douce, si fragile, si petite.

À l'heure qu'il est j'aimerais avoir une main dans la mienne, même toute petite, une main fragile, faible, pour me protéger de la noirceur du froid glacial. Si ce froid-là a une couleur, c'est le noir. Je parle du froid que je ressens dans mon âme. L'autre, celui qui affecte le corps ne m'effraye pas, il est blanc, il me stimule et m'exalte. Contre ce froid de l'âme, il est tout simplement impossible de se défendre, il est comme le tranchant le plus fin et le plus acéré de tous les poignards de la terre, un coup de lame suffit à t'ôter tout courage, tout espoir, toute exaltation. J'aurais besoin qu'une main m'apporte un peu de chaleur, un tout petit peu, ne serait-ce que la chaleur d'une unique étincelle, mais je n'ai d'autres mains à serrer que les miennes. Elles sont sûres, puissantes et, qui plus est, précises. Elles m'ont rapporté de l'argent et du sang avant de, finalement, me conduire ici, dans l'obscurité de ce cachot sombre et froid. En réalité, j'avais depuis longtemps l'intention de tout abandonner, depuis que j'avais réglé son compte à Gai Feifei. Ce jour-là, la cruauté dont j'étais capable s'était soudain révélée à moi et m'avait effrayé. Pour la première fois, je voyais clairement toute la force destructrice qu'il y avait en moi, aussi impitoyable et brutale que le Déluge. Incapable de la maîtriser, je ne pouvais pas prévoir à quelles effrayantes atrocités elle pourrait me pousser en empruntant la vigueur de mes mains. Je pensais qu'en renonçant à cette vie tout serait réglé ; avec les quelques milliers de yuans que j'avais mis de côté, j'allais monter une affaire et, fini, terminé, on n'en parlerait plus. Cette idée m'était venue à l'esprit précisément le soir où on devait se réunir avec Hu Tou et les autres mais il était écrit qu'il me serait impossible de réaliser ce projet. Ce soir-là, j'ai aperçu Si Yezhu, Quatrième Sanglier. Si Yezhu, c'était celui dont j'avais coupé un bout de doigt ; il était le chef en second d'une autre bande. Il a vu la haine dans mes yeux mais n'a pas riposté, supputant que j'étais un intermédiaire entre gangs et que j'avais toute une bande avec moi. Instantanément, l'évidence s'est imposée à moi : je ne pouvais pas rompre totalement avec le milieu pour le moment. Si je le faisais, je finirai tout simplement seul et sans appui, traqué par mes ennemis avant d'être sauvagement assassiné dans une quelconque ruelle, sans compter que, par-dessus le marché, la mort de Su Li viendrait sans doute s'ajouter au tableau. Je n'avais pas le choix, je devais continuer. Le destin avait voulu que Si Yezhu soit le premier que mon poignard ait réduit à l'état de fantôme et, depuis, le sort s'acharnait sur moi.

La rivière coupait la ville en deux. Le pont Qizi l'enjambait d'est en ouest reliant les deux rives. Tout ce que la ville comptait de billards et de salles de jeux vidéo s'était donné le mot pour se rassembler sur l'avenue de la rive Est si bien qu'elle connaissait tous les jours de l'année l'animation des fêtes du Nouvel An. J'ai entendu dire que l'avenue de l'Ouest n'avait pas toujours été ce qu'elle est aujourd'hui ; ces dernières années, karaokés et salons de beauté s'y étaient installés et s'étendaient comme des boutons d'acné sur une peau trop grasse. Devant l'impuissance du gouvernement à limiter leur développement, il avait fallu restreindre leur propagation par des mesures draconiennes en leur interdisant d'essaimer au-delà des strictes limites de l'avenue de l'Ouest. C'est ainsi que l'avenue est devenue le quartier chaud de la ville, un quartier sur lequel les gens crachent mais qu'ils regardent néanmoins avec envie ; c'est ainsi également que l'État a récolté de plus en plus d'amendes sur leur dos ; c'est ainsi enfin qu'ont été nourris en son sein bon nombre de chefs de bande et de voyous.

Je suis resté un long moment silencieux en regardant les néons de l'avenue de l'Ouest chatoyer comme des strip-teaseuses. La bande de Si Yezhu contrôlait la rive ouest et la bande de Wang Yichuan la rive est. Les querelles armées entre les deux factions étaient, à évidence, devenues inévitables. Wang Yichuan n'était pas du genre à regarder un plat de viande bien grasse sans lever ses baguettes. J'étais debout à l'extrémité du pont lorsqu'il m'a semblé entendre gronder les rumeurs d'une rixe, telles des flammes ondulant au loin. J'étais à mille lieues d'imaginer que j'allais faire jaillir la première étincelle d'un gigantesque incendie.

Hu Tou était intervenu personnellement pour me proposer le contrat passé sur la tête de Si Yezhu. Sa vie avait été mise à prix à trente mille yuans. Tout en recomptant les billets de l'épaisse liasse, je lui avais demandé :

– Le chef Wang n'a pas peur que je le rate ?

– Le chef te fait confiance. En réalité, il t'admire. Il me reproche sans arrêt de ne pas avoir su t'empêcher de quitter la bande.

– Il me surestime.

– Une fois l'affaire réglée, va-t-en sans tarder et ne cherche surtout pas à reprendre contact avec moi.

J'ai fait signe que j'acceptais.

– Pourquoi le chef veut-il supprimer Si Yezhu ?

– Il dit que ce type est dangereux et qu'il ne faut pas le laisser prendre le contrôle de la situation.

– Je suis aussi de cet avis.

Si Yezhu avait vingt et un ans et mesurait un mètre soixante-douze ; costaud et solidement charpenté, il n'avait pas usurpé son surnom de Sanglier ; son courage et sa force égalaient ceux de Hu Tou et il faisait toujours ce qu'il disait. Il n'avait pratiquement aucun point faible : il n'était pas particulièrement coureur, il fumait et buvait comme tout un chacun ; son seul penchant, c'était la viande. Je me savais supérieur à lui du point de vue psychologique et j'ai fini par avoir raison de lui, mais je ne pouvais m'empêcher d'être très nerveux. Pour tenir tête à des types comme l'homme à l'imperméable ou Liu Dali, il suffisait de lever le petit doigt et l'affaire était classée ;

avec Si Yezhu, il fallait non seulement y aller de sa sueur mais aussi de son sang. Il avait plus d'expérience que moi, il était plus fort et plus grand que moi, sans compter qu'il avait beaucoup plus d'alliés; j'avais donc toutes les chances d'y laisser ma peau. Mais je ne pouvais plus faire marche arrière: j'avais déjà touché la prime et surtout j'étais bien décidé à le tuer. Je devais absolument en finir avec lui sans quoi je n'aurais plus jamais l'esprit tranquille.

J'avais fomenté contre lui plusieurs plans d'action auxquels j'avais dû renoncer. Ce gars-là passait toute sa journée à déambuler sur l'avenue de l'Ouest comme un chien de garde consciencieux qui inspecte son territoire pour y maintenir une sorte d'ordre souterrain. Il eût été idiot de m'aventurer là-bas tout seul. Du temps où j'étais au collège, j'avais appris par cœur un texte en langue classique dont je me souviens encore parfaitement, y compris du titre: «*Meng Zi: Jin Xin Xia*». Mencius y exposait brillamment les conditions de la réussite: choisir le moment opportun, avoir l'avantage du terrain et le soutien populaire. Sur l'avenue de l'Ouest, Si Yezhu avait pour lui l'avantage du terrain et le soutien populaire. Quant au moment opportun, je savais que je ne pourrais en décider moi-même et débarquer inopinément sur l'avenue de l'Ouest pour y semer la terreur. Je ne pouvais pas renverser le soutien populaire alors il ne me restait plus qu'à me concentrer sur le lieu le plus favorable. Me savoir capable de mettre à profit ce que j'avais appris, d'appliquer la théorie à la pratique, voilà qui faisait ma fierté mais mes conclusions n'en étaient pas réjouissantes pour autant. Quoiqu'il en soit, ce n'était pas le moment de me laisser abattre, je devais maintenant repérer les restaurants dans lesquels Si Yezhu avait l'habitude de manger.

Encore une fois, c'est Hu Tou qui m'a procuré l'information dont j'avais besoin. Il n'était pas près d'oublier la cicatrice qu'il avait au bras. Il avait été ami avec Si Yezhu et ne pouvait pas le tuer personnellement, mais le fait que je m'en charge était certainement le meilleur moyen pour lui d'assouvir sa soif de vengeance.

– Attends de le voir rendre son dernier soupir, il ne s'agirait pas que quelqu'un vienne le secourir au dernier moment.

Je lui ai tapé sur l'épaule pour le rassurer puis je suis parti en repérage.

Un ragoût de porc servait d'enseigne à ce restaurant qui n'avait même pas de nom. Il était situé dans une rue isolée; cela ne décourageait pourtant pas les clients comme Si Yezhu qui s'y rendaient en voiture au prix de quelques manœuvres. Ce dernier venait au moins deux fois par semaine; toutefois, on pouvait difficilement déterminer l'heure avec précision. Au fond, cela m'était égal, j'avais de la patience et du temps à revendre. J'ai examiné minutieusement la topographie des lieux et des alentours en véritable expert; le restaurant était dépourvu de toilettes; situées à l'extérieur, derrière l'établissement, celles-ci n'étaient accessibles que par une ruelle. C'était une construction en briques rouges datant de Mathusalem mais qui tenait encore debout ; le seul inconvénient, c'est que les gens chiaient et pissaient à côté. Je ne comprends vraiment pas pourquoi ils venaient jusqu'ici et ne se donnaient pas la peine de viser ; à ce compte-là, autant faire leurs besoins dans la rue ! J'aurais préféré ne pas avoir à utiliser ce lieu pestilentiel pour agir mais c'était la seule brèche possible d'autant qu'il me faudrait, par la suite, filer tranquillement. Évidemment, si Si Yezhu se méfiait et venait accompagné, je n'avais plus qu'à m'en remettre à la providence car les ordres du chef étaient clairs : personne ne devait savoir qui s'était chargé de la besogne. D'après ce que j'avais compris, Wang Yichuan voulait que son adversaire prenne acte de sa défaite mais sans pouvoir identifier l'ennemi ; il lui fallait donc rester dans l'ombre. Une action engagée par son adversaire l'aurait en revanche contraint à s'exposer ce qui, logiquement, lui faisait perdre l'avantage. Le monde souterrain a ses propres règles, ceux qui ne les respectent pas doivent s'attendre à rester dans l'ombre, isolés et solitaires. Fort d'une justification morale, on remportait la bataille, c'est ainsi que Wang Yichuan voyait les choses. Pour ce qui était d'assurer les arrières, je lui faisais confiance. Il avait été suffisamment cruel et calculateur pour s'être maintenu en vie jusqu'à ce jour, chose rare pour un chef de gang. J'avais refusé d'intégrer sa bande, il m'appréciait malgré tout mais j'avais tout intérêt à ne pas le décevoir.

J'ai tâté ma poche : j'y avais dissimulé le couteau et le paquet de chaux. Je suis allé de nouveau regarder du côté des cabinets ; deux ou trois personnes entrèrent et ressortirent sans se presser. Voilà une heure que j'attendais. Peut-être étaient-ils partis depuis longtemps, après avoir bien mangé et bien bu ; et moi qui restais là à les attendre bêtement, j'avais l'air fin. Un gros bonhomme est arrivé vers moi en vacillant, il a dévisagé d'un regard soupçonneux ce type appuyé contre le mur dans l'angle et a poussé un grognement. Il n'avait rien à craindre, je n'allais pas l'agresser, je n'avais aucune envie de régler son compte à un tel tas de graisse ; j'ai tourné la tête, l'air de rien. Cinq minutes plus tard, un gamin s'est pointé ; il portait un foulard rouge autour du cou et son cartable semblait peser le poids de trois montagnes, cela faisait mal à voir. Il a levé vers moi son petit visage de lettré, rond et rouge comme une pomme et m'a demandé dans la langue qu'on apprend à l'école :

– Oncle, qui attends-tu ?

Je me suis penché vers lui et lui ai caressé la tête.

– Il faut vite rentrer. Si tu traînes trop, tu n'auras pas le temps de finir tes devoirs.

Il a grimacé comme s'il venait de goûter à un concombre amer et, tête baissée, s'est éloigné.

J'ai suivi des yeux la silhouette de cette pitoyable fleur de la Nation, encore en bouton. Finalement, j'ai de la chance de ne pas avoir pu continuer mes études ; au moins, mon cerveau n'est pas devenu cet esclave minable et soumis, toujours à la merci des vexations et des contraintes ; de même, le bonheur et l'insouciance de ma jeunesse ne se sont pas transformées en souffrances insupportables. Mais suis-je heureux à présent ? J'ai soupiré et j'ai recommencé à surveiller les cabinets : Si Yezhu arrivait en compagnie d'un homme à lui. Mon cœur s'est arrêté et j'ai bondi en arrière. Pendant un court instant, j'ai été tenté de battre en retraite. Encore deux minutes, me suis-je dit ; je n'attendais certes pas grand chose de ces deux minutes, mais je devais encore réfléchir. L'homme qui accompagnait Si Yezhu est ressorti en fredonnant, la main sur sa braguette à farfouiller ; sa fermeture Éclair avait dû casser. Il a disparu dans la ruelle et mon cœur s'est remis à cogner comme un fou. Peut-être y avait-il encore quelqu'un à l'intérieur ou l'un des hommes de Si Yezhu allait-il venir, mu par une envie urgente ? Quoi qu'il en soit, je ne pouvais pas laisser passer cette occasion, je devais jouer le tout pour le tout. J'ai inspiré profondément avant de foncer vers l'entrée des cabinets, le couteau dans une main et le paquet de chaux dans l'autre ; les bras ballants, je me suis remis à marcher d'un pas normal. Je suis tombé nez à nez avec un type qui quittait les lieux : mon cœur a fait un tel bond qu'il s'est presque échappé par ma bouche et je n'ai pu le contraindre à reprendre sa place qu'après m'être bien assuré qu'il s'agissait d'un visage inconnu. L'homme était devenu livide en apercevant ce que je tenais à la main et s'était rué vers la sortie. Peut-être allait-il prévenir la police mais je ne m'en suis pas occupé. Toute mon attention était centrée sur les troisièmes latrines de droite d'où parvenait le bruit des efforts que Si Yezhu était en train de faire. Je me suis approché lentement. Si

Yezhu n'a sans doute rien remarqué de bizarre dans ma façon de marcher ; toujours est-il que j'avais beaucoup de mal à avancer. Une tête a émergé, il avait fini et se préparait à sortir. Sans vraiment réfléchir, j'ai bondi ; il m'a regardé, l'air ahuri ; la main droite levée, je lui ai jeté la poudre de mon paquet au visage. Il a bougé la tête, je l'ai raté. Tout mon sang a afflué au cerveau et je lui ai donné un coup de couteau. Au comble de la fureur, Si Yezhu m'a chargé comme un taureau et m'a saisi à bras le corps. Je n'ai pas cherché à esquiver le coup, je me suis baissé et je lui ai donné un coup de couteau dans l'autre sens. Du sang a jailli de la blessure, maculant le mur des latrines d'à côté. Je lui ai tranché la veine du cou et j'ai continué à frapper. Il s'est accroché à moi, les bras serrés autour de ma taille puis il a levé les yeux, les pupilles soudain dilatées. Quand je lui ai transpercé la poitrine, la lame du couteau est ressortie dans son dos ; plongée dans le sang, elle brillait d'un éclat encore plus aveuglant.

J'ai lâché le couteau dans les toilettes et je l'ai regardé s'enfoncer dans la masse compacte des excréments avant de m'enfuir ; une fois assuré que la voie était libre, j'ai couru comme un dératé. Une demi-heure plus tard, j'étais allongé sur la couchette d'un train rapide qui se dirigeait vers Dongguan. Lorsque le convoi s'est ébranlé, s'éloignant lentement de la ville, j'ai pu enfin pousser un énorme soupir de soulagement et m'étendre sur ma couchette, les membres ramollis, comme après avoir été gravement malade.

Je m'attarderai un peu sur la période que j'ai passée sur la côte à Dongguan. Ni sang ni violence durant cet intermède de bonheur qui avait la fraîcheur d'un vent d'été. Ce fut peut-être le moment le plus heureux de ma vie et, parmi tous mes souvenirs, c'est le seul qui me réchauffe le cœur cette nuit.

Su Li m'attendait avec les trente mille yuans. Ses deux grandes sœurs habitaient là. Chacune d'elle avait un petit ami, aussi n'ont-elles pas trouvé bizarre ou choquant de me voir et elles m'ont accueilli avec un sourire entendu.

Pour ce qui est de Dongguan, je me souviens d'une ville industrielle en pleine expansion qui comptait une multitude d'ouvriers itinérants. On pouvait les repérer au premier coup d'œil. En effet, parqués dans l'enceinte de leurs usines respectives et soumis à un nombre incalculable d'heures d'un travail excessivement intense, rares étaient ceux qui avaient le loisir de flâner dans les rues. Les deux sœurs de Su Li n'avaient pas perdu le sourire, j'y lisais pourtant de l'amertume. Je voyais par ailleurs du découragement et de la tristesse chez les éclopés qui mendiaient au bout de l'avenue — parmi eux, les ouvriers victimes d'accidents du travail ou chassés à coups de pied par leur patron étaient légion. N'ayant aucun recours et n'osant plus retourner au pays, il ne leur restait plus qu'à accepter les maigres aumônes sur cette terre étrangère avec le risque que l'hiver ait raison d'eux. Je n'avais plus le cœur à rester plus longtemps témoin d'un tel spectacle et j'ai vite quitté la ville, entraînant Su Li avec moi. Jamais je n'oublierai Dongguan et jamais plus je ne me plaindrai de mon sort : cette ville m'a fait comprendre qu'il y avait dans ce monde des destins mille fois plus misérables que le mien.

Hu Tou m'a téléphoné pour me dire que l'affaire Si Yezhu était quasiment passée inaperçue. Pour les gens de la Sécurité publique, la mort d'un malfrat de cet acabit n'était pas digne d'intérêt. Ils avaient trop de dossiers à traiter pour s'occuper du meurtre d'un hors-la-loi. Hu Tou m'a conseillé de continuer à me la couler douce à l'écart de tout cela. Nous avons donc visité successivement Canton, Zhuhai, Shenzhen et nous nous sommes arrêtés, sur le chemin du retour à Beihai, Nanning et Guilin. Si nous n'avions pas été à court d'argent, nous aurions fait la traversée jusqu'à Hong Kong et nous y aurions passé une semaine. Sans regret : les six villes m'ont comblé en m'ouvrant de nouveaux horizons.

À Canton, j'ai pu apprécier l'ingéniosité culinaire sans borne du peuple chinois. Il y a un plat dont je me souviens encore parfaitement aujourd'hui. C'était un midi, dans un restaurant de qualité moyenne ; j'étais en train d'éplucher la carte (j'avais l'exclusivité des commandes au restaurant, Su Li celui du choix des vêtements) lorsqu'un plat au nom étrange attira mon attention : « Couinements ». J'avais beau me creuser la tête, je n'arrivais pas à comprendre de quoi il s'agissait. J'ai repris la carte pour voir le prix : plus de cent yuans. J'ai hésité un instant mais la curiosité a été la plus forte. Je n'ai rien dit à Su Li pour la surprendre un peu.

On nous a apporté le plat en question : une boîte en plastique des plus ordinaires au couvercle hermétiquement fermé et deux fourchettes très pointues en acier inoxydable. J'ai laissé Su Li ôter le couvercle ; sa réaction m'aiderait certainement à deviner le mystérieux contenu du plat. Elle a poussé un hurlement et a ouvert de grands yeux comme y découvrant une souris — Su Li a horreur de ces bestioles ; mais dans la boîte, pas le moindre bruit. Je me suis penché pour voir et j'en ai eu la respiration coupée : le spectacle était impressionnant ! Dans la soupe, flottait une souris blanche comme neige à l'exception de ses yeux noirs révulsés. J'ai manqué refermer le couvercle de peur qu'elle ne saute hors de la boîte. Mais je me suis ravisé ; après tout, c'était fort peu plausible. En y regardant de plus près, je me suis aperçu que l'animal avait été dépiauté. Toujours est-il que, dépiauté ou pas, je ne voyais pas grande différence : avais-je dépensé plus de cent yuans pour voir une souris complètement à poil ? Noir de colère, j'ai rappelé la serveuse. Le sourire aux lèvres, elle m'a expliqué, dans une version très personnelle de notre langue commune, que cette variété de souris était très riche du point de vue nutritif et qu'il convenait de la manger vivante. J'aurais pu deviner tout seul : il s'agissait de piquer avec la fourchette dans la chair de l'animal qui, immédiatement, allait se mettre à « couiner ».

Ni Su Li ni moi n'en avons eu le courage ; j'avais donc bel et bien dépensé plus de cent yuans pour voir une souris sans sa peau ; je dois admettre toutefois que cette petite bête était adorable, mignonne à croquer.

Après avoir pu apprécier le plat « Couinements », j'ai entraîné Su Li jusqu'à Shenzhen et puis ce fut Zhuhai ; on s'y serait cru en pays étranger : il est tellement surprenant de constater que des villes aussi belles, propres et ordonnées aient pu grandir dans une Chine dont la saleté et la pagaïe sont légendaires ; on eût dit deux belles femmes à l'élégance raffinée, répandant autour d'elles un merveilleux parfum, qui auraient surgi d'entre une multitude de gens négligés et sans éducation. Je ne sais pas pourquoi une vague inquiétude s'est emparée de moi : j'ai craint que les regards envieux et les assauts perfides n'abîment ces deux jolies femmes, elles risquaient de perdre leur parfum et de succomber à une mort héroïque dans ce monde fait de violence inopinée et aveugle. Je suis moi-même un assassin, une racaille que la société a dédaigneusement reniée, mais je n'aurais pas souhaité voir une telle chose se produire. Finalement, je n'ai rien dit à Su Li de cette étrange angoisse qui me tenaillait car je ne voulais pas gâcher son plaisir. Elle m'a entraîné dans les rues, le regard attiré par les jolies femmes en col blanc, tirées à quatre épingles et à la mine affairée. Il y avait dans ses yeux à la fois de l'envie et un sentiment d'injustice. Elle est ensuite allée choisir dans les magasins la panoplie complète de la parfaite employée de bureau ainsi qu'un sac à main exquis. Quand elle est apparue devant moi sous ce nouveau jour, l'air intimidé, j'ai vraiment eu l'impression de me trouver face à l'une de ces jeunes et fascinantes citadines d'aujourd'hui.

– C'est ressemblant ou pas ? m'a-t-elle demandé en virevoltant.

– Et comment, c'est à s'y tromper.

– Me raconte pas d'histoires.

Ce faisant, des éclairs dans ses yeux trahissaient sa joie. Les bras croisés, je me réjouissais de la voir si heureuse, et moi aussi j'étais heureux.

Mais l'instant d'après, une mine sombre et mélancolique s'est substituée à la joie qui pétillait dans ses yeux.

– Qu'est-ce que tu as ?

Elle n'a pas répondu. J'avais deviné. L'enthousiasme était retombé car c'était le moment de repartir. Pour consoler Su Li, j'ai décidé de faire un détour par trois célèbres centres de villégiature sur le chemin du retour. J'avoue que ce choix m'a infiniment réconforté moi aussi puisqu'il m'a offert les moments les plus tendres et les plus romantiques de ma vie.

Je suis quelqu'un de vénal, je risque ma vie pour de l'argent et, même si Su Li n'est pas vraiment une prostituée, cela revient pratiquement au même ; pourtant, nous sommes capables d'être romantiques. Le romantisme est un sentiment extrêmement raffiné, mais il n'est pas réservé aux hautes sphères de la société.

Quand nous sommes apparus, Su Li et moi, main dans la main, sur la plage argentée, ils furent nombreux à nous regarder. Pour moi, ce fut une énorme satisfaction. Pour Su Li aussi. Je savais que nous allions bien l'un avec l'autre. En réalité, je ne me souciais guère de mon aspect physique, je souhaitais seulement être puissant, c'est tout. En réalité, j'étais assez « cool », ce qui est un point positif ; en effet, cela m'aura au moins permis de séduire Su Li et de la retenir, l'empêchant très probablement de se jeter dans les bras d'un autre ; cela m'aura également permis de sauver les apparences sur la plage et d'éviter que les gens s'exclament : Voilà une jolie fleur qui est allée se fourrer dans de la bouse de vache. Pour un homme, c'est primordial. Autre chose encore : si ta femme part avec un autre, inutile de maudire le ciel et de t'en prendre au monde entier ; pose-toi plutôt quelques questions sur toi-même, demande-toi par exemple si tu n'aurais pas perdu de ton pouvoir, et si, par hasard, tu ne serais pas assez… « cool ».

Il n'y avait pas de danger que Su Li me quitte ; blottie contre moi, elle était docile comme un oiseau. Elle prétendait que j'étais l'arbre le plus solide et le plus fiable qui soit, celui qui la mettrait toujours à l'abri du vent et de la pluie. Nul n'était besoin, en l'occurrence, de la protéger : la brise de mer, si douce, lui caressait la joue comme je l'aurais fait. Sous nos corps, le sable était agréable et souple. À demi allongé, je la tenais dans mes bras et je n'avais plus envie de bouger. Nous étions seuls au monde ; juste la mer, le ciel, le bruit du vent à nos oreilles et le sable sous nos corps. J'ignore combien de temps s'est écoulé ainsi puis Su Li a ouvert les yeux et, en soupirant, elle a dit :

– Ce serait tellement bien si ça avait toujours été comme ça.

Nous n'avions plus envie de quitter Beihai mais nous avions déjà dépensé la moitié de notre argent et il nous restait encore deux sites à visiter. Alors nous sommes partis à contrecœur.

Nanning n'était pas mal mais nous avons préféré infiniment Guilin ; pénétrer dans Guilin, c'était comme revisiter ce texte célèbre que nous avions tous dans nos livres de lecture à l'école primaire et entendre résonner les voix cristallines, presque oubliées depuis le temps, des élèves récitant : *Les paysages de Guilin sont les plus beaux du monde.*

Je ne sais pas si les paysages de Guilin sont réellement les plus beaux du monde mais, en tout cas, ils ont été suffisamment éblouissants pour m'enivrer et me faire tomber à la renverse. Je voudrais dire aussi que, devant ce spectacle, j'ai eu honte car je portais en moi de la colère alors que la pureté de ces merveilleux paysages ne souffrait pas d'être contaminée par la moindre agressivité. Heureusement, la présence de Su Li à mes côtés m'évitait d'avoir trop mauvaise conscience. La splendeur radieuse de ces paysages rendait Su Li particulièrement…, particulièrement quoi au juste ? « Enchanteresse. » (Qui a déjà employé ce terme d'ailleurs ?)

Un étranger a insisté pour se faire photographier avec elle. Elle m'a regardé, l'air effarouché, comme un oiseau apeuré. Je lui ai souri en acquiesçant, je pouvais encore tolérer ce genre de chose. Les compliments adressés à ma petite amie confirmaient en quelque sorte mon bon goût et ma compétence. Finalement, cet étranger dégageait une odeur tellement forte qu'elle n'a pas pu la supporter.

L'endroit où nous étions descendus se trouvait juste en face de l'hôtel Xiangjiang, un établissement magnifique, de sorte qu'en le regardant nous nous sentions comme deux misérables péquenots. Je savais très bien que je n'aurais jamais pu y mettre les pieds. Peut-être, si j'arrivais à gagner suffisamment d'argent… mais ce n'était pas pour moi, mes mains étaient à jamais tachées de sang. Cette idée m'a inspiré de la rage et je me suis surpris à avoir les larmes aux yeux.

– Qu'est-ce que tu as ? m'a demandé Su Li d'une voix douce en venant se coller contre moi.

J'ai poussé un très long soupir et je lui ai dit :

– J'ai envie de rentrer.

Les lumières de l'hôtel Xiangjiang étaient plus vives et plus brillantes que jamais. Rebroussant chemin, nous nous sommes engouffrés dans la nuit noire.

Nous sommes rentrés, après six mois d'absence. Hu Tou nous a annoncé de but en blanc :

– C'est fini pour A Hong.

– Comment ?

J'ai reçu un coup ; même le froid mordant de la neige ne m'aurait pas glacé les os de la sorte. J'avais toujours considéré A Hong comme une grande sœur.

A Hong ne méritait pas de mourir. Deux mois auparavant, un salaud de client, qui avait bien profité de ses services, avait refusé de la payer et même tenté de la dévaliser. A Hong n'allait pas se laisser impressionner par un type comme ça ; elle lui avait flanqué une gifle et avait reçu un coup de poignard dans le ventre. Jusqu'à son dernier jour, A Hong n'aura jamais baissé les yeux. Comment peut-on passer aussi facilement de vie à trépas ?

– Et le type ?

– Il a été arrêté. Il sera sûrement condamné à mort.

Sur ces mots, Hu Tou a bâillé à s'en décrocher la mâchoire, l'air complètement amorphe.

J'ai serré les poings sans trouver d'endroit où décharger ma colère. J'avais envie de couper la queue de cette ordure, la piétiner et la réduire en bouillie. Je devrais me contenter d'acheter une grosse liasse de monnaie de papier et d'aller à la fosse commune honorer A Hong.

Les morceaux de monnaie brûlée s'envolèrent en tournoyant au milieu des flammes rouges et de la fumée bleue, comme autant de papillons noirs qui nous représenteraient, Su Li et moi, dans l'autre monde, et rendraient visite à A Hong. Sur la stèle il y avait une photo d'elle, souriante et insouciante comme avant. Qui aurait pu deviner qu'il s'agissait d'une prostituée ? Qui aurait su m'expliquer pourquoi elle avait choisi ce métier ?

La tête levée vers le ciel, j'ai poussé un long hurlement mais la vallée ne m'en a pas renvoyé l'écho.

L'enterrement fut réglé avec l'argent qu'elle avait gagné en vendant son corps ; quant à ce qui restait, ses sœurs m'avertirent que Hu Tou l'avait gardé. Je vins le trouver. Il paressait sur son lit, nonchalamment allongé avec Liu Yanmei. Connaissant Liu Yanmei, je n'ai pa été étonné par son air bizarre mais je n'avais jamais vu Hu Tou avec cette tête-là. De toute façon, je n'avais pas l'esprit à tergiverser ; je n'y suis pas allé par quatre chemins :

– C'est toi qui as l'argent de A Hong ?

Hu Tou m'a semblé un peu mal à son aise. Contenant ma colère, je lui ai dit :

– Elle a encore sa mère au pays, c'est à elle que l'argent revient ; elle en a besoin pour vivre, tu le sais parfaitement, il faut lui rendre.

– Je te le donnerai dans deux jours.

Hu Tou affichait toujours cette même absence d'entrain. Je n'ai pas répliqué.

J'ai attendu de ses nouvelles pendant une semaine ; il ne répondait pas sur son bip. Cela m'a énervé, je suis allé trouver Wang Yichuan.

– Te voilà de retour.

Il m'a accueilli très chaleureusement et m'a même gratifié d'un semblant de tape sur l'épaule. Je savais que tout marchait bien pour lui, je l'en ai félicité et je lui ai demandé où était Hu Tou.

– Moi non plus, je ne l'ai pas vu depuis longtemps, m'a-t-il répondu les sourcils froncés. Je ne sais pas du tout où est passé cette crapule.

Et puis il m'a fixé :

– Je manque vraiment de bras en ce moment.

J'ai souri en faisant semblant de ne pas avoir compris.

– Tu n'as qu'un mot à dire et tu as tous les hommes que tu veux avec toi.

Une semaine plus tard, c'est Hu Tou qui est venu me trouver de son propre chef ; il a balancé un vieux sac sur la table :

– Vingt mille yuans, tu n'as qu'à compter.

En voyant son air sinistre, j'ai hoché la tête :

– Tu m'en veux de t'avoir mis la pression.

– Je ne t'en veux pas. Tout ça, c'était à A Hong.

– Tu sors d'où avec autant d'argent ?

– T'occupes.

Je n'ai rien demandé de plus. J'ai laissé passer quelques secondes et je lui ai demandé en le fixant droit dans les yeux et en articulant :

– Tu prends de la drogue ?

– T'occupes ! a-t-il rugi.

Sa rage est retombée aussitôt.

– Si je ne m'occupe pas de toi, qui d'autre le fera ? ai-je hurlé.

Il ne desserrait pas les dents alors j'ai continué la voix enrouée d'avoir crié si fort :

– Tu sais bien que je te considère comme mon frère. Maintenant que grande sœur Hong a disparu, je n'aurais vraiment plus personne à qui penser s'il t'arrivait quelque chose.

– Arrête.

La voix de Hu Tou semblait étranglée par des sanglots.

– Tu dois vraiment y renoncer. Dans notre cas, il vaut encore mieux attraper la syphilis que se droguer.

– Je vais essayer.

À l'évidence, il n'y croyait pas.

– Tu fumes depuis combien de temps ?

– Quatre mois.

– Du haschisch ?

– De la blanche.

– Avec Liu Yanmei ?

– En fait, c'est elle qui a commencé.

J'avais le moral à zéro : lui, je pouvais encore le persuader d'arrêter mais je n'avais aucune prise sur Liu Yanmei, elle n'en faisait qu'à sa tête et n'avait aucune idée de ce qui était recommandable ou pas ; elle ne reconnaîtrait avoir eu tort qu'un pied dans la tombe. Belle femme porte malheur : ce proverbe parle de filles comme elle. Liu Yanmei a toujours été en quête de stimulants plus étranges les uns que les autres et ne s'est jamais préoccupée de savoir si ces substances pouvaient être nocives pour elle ou pour Hu Tou. Je lui aurais volontiers donné des claques mais il me fallait rester calme et en parler sérieusement avec elle.

J'en avais assez de crouler sous le poids des problèmes à régler mais je devais garder mon sang-froid pour pouvoir réfléchir à tout cela.

Je suis allé rapporter l'argent au pays. Je n'ai pas osé annoncer la mort de A Hong à sa mère, je l'ai simplement informé qu'elle était partie tenter sa chance à Canton et qu'elle reviendrait quand elle aurait fait fortune. Elle ne fut pas difficile à convaincre ; elle répétait sans cesse que sa fille était un modèle de piété filiale ; petite, elle était travailleuse et tellement sage. Elle a ensuite maudit son fils en le traitant de porc, de chien ; il avait malmené sa grande sœur en la forçant à partir pour aller gagner de l'argent tout en lézardant de son côté. On lui avait trouvé une femme à grand-peine puis construit une nouvelle maison, mais il n'était jamais revenu la voir, il ne saluait même plus sa sœur quand il la voyait, la regardant de haut. Un monstre d'ingratitude, vraiment…

Je n'ai pas écouté le reste. Je craignais de ne pas pouvoir supporter d'en entendre davantage sans me ruer dans ce repère d'animaux à sang-froid et lui flanquer une bonne correction. Mais, au fond, il s'agissait du petit frère de A Hong et elle m'en aurait peut-être voulu. Résigné, j'ai soupiré en lui recommandant à maintes reprises de cacher cet argent pour que ce drôle d'oiseau ne le trouve pas. J'allais prendre congé mais la mère a insisté pour que je reste chez eux quelques jours ; A Hong aurait été mécontente que je ne sois pas invité pour ma première visite.

La moutarde m'est montée au nez, j'ai prétendu que j'étais pressé et très occupé.

– Dans ce cas, restez donc à dîner et vous partirez après.

J'ai dû me rasseoir.

J'ai formidablement bien mangé : de la viande séchée et salée, hachée et sautée avec du piment, des boulettes de sang de porc, des navets salés et de l'alcool de riz de sa propre fabrication. Tout avait vraiment un bon goût de terroir. Avec un sourire qui émergeait difficilement d'entre les nombreuses rides de son visage, elle m'a demandé, fort intéressée, d'où j'étais, quel âge j'avais, ce que je faisais, si mes parents étaient encore en vie. Je répondis pour la forme ce qui me venait à l'esprit, conscient qu'elle me soupçonnait d'être le petit ami de A Hong. Après tout, elle n'avait pas tort : A Hong avait été la première femme de ma vie ; forte de sa maturité et de son expérience de l'amour, elle m'avait initié aux mystères des relations entre filles et garçons et je lui en serai reconnaissant à jamais. Tu estimes que je suis à moitié ton fils, vieille femme, ça me va, j'accepte.

Je suis reparti de chez elle avec un gros paquet de tranches de patates douces. Elle a mis malles et armoires sens dessus dessous pour mettre la main dessus, je n'ai pas eu le cœur de refuser les témoignages de son hospitalité.

L'autocar qui reliait les différents districts était ballotté sur les mauvaises routes de la région. Je voyageais seul et je m'ennuyais ferme ; j'ai emprunté un journal à mon voisin dans lequel j'ai trouvé un supplément. Un article a attiré mon attention ; on y discutait de l'aménagement éventuel de quartiers dévolus à la prostitution. J'ai eu tout simplement envie de déchirer le journal. Non pas en raison de la désapprobation du journaliste, mais à cause du ton supérieur et sentencieux qu'il adoptait à propos des prostituées ; au-dessus des masses, il faisait valoir son point de vue comme le seul valable. Aux yeux de ce type-là, toutes les prostituées sans exception étaient des monstres de luxure qui, par nature, s'avilissaient elles-mêmes. Qu'est-ce qu'il y comprenait ? Même si les prostituées ne versent pas plus de larmes amères que les travailleurs clandestins, la différence entre les deux n'est pas très grande. J'aurais voulu hurler à ce type, assis dans son bureau armé de ses belles convictions : Il n'y a personne au monde qui, par nature, soit aussi ignoble que toi ! Si ta femme avait eu la même vie que A Hong, elle aussi aurait vendu ses charmes !

Mon voisin m'a regardé ; un peu inquiet, il n'arrêtait pas de tortiller son derrière sur son siège. Je ressentais une colère que je ne pouvais contenir, j'avais envie de tuer.

Assise en face de moi, Liu Yanmei a allumé une cigarette, les volutes de fumée bleue flottaient dans la lumière rose de la lampe. J'ai remarqué des traces de piqûres d'aiguille sur son poignet.

– Tu te piques ?

– C'est le seul moyen pour prendre son pied.

– Hu Tou se pique aussi.

– On se le fait l'un à l'autre.

– Tu veux sa mort, dis-moi ?

– Qu'est-ce qui te prend ? m'a rétorqué Liu Yanmei en me jetant un regard dédaigneux. Je ne l'ai pas forcé. C'est lui qui a voulu essayer, que pouvais-je y faire ?

J'ai respiré un grand coup avant de lui dire :

– Tu ne peux pas t'en passer ?

– Je n'y arrive pas.

– Mais en fin de compte, ça donne quoi comme sensations ?

– Tu ne le sauras que si tu essayes. Tu ressens un plaisir sublime, le monde t'apparaît différemment, les gens voltigent autour de toi.

– Quand tu n'en prends pas tu te sens toute molle et sans force, c'est bien ça ?

– Oui, comment peux-tu le savoir ? Tu en as déjà pris ?

J'ai fait des efforts pour me contenir.

– Que tu n'aies plus aucune force, je m'en fiche complètement. En revanche, Hu Tou passe sa vie à se battre, alors si brusquement il n'a plus de force au milieu de la bagarre ou s'il n'arrive plus à avancer quand on le poursuit, que va-t-il lui arriver, dis-moi un peu ?

– J'en sais rien, a-t-elle répondu, la bouche crispée.

– Je te propose une chose : tu prends la poudre pour toi et tu te drogues en cachette.

– Il va me frapper.

– Sûrement pas, je vais lui expliquer et il comprendra.

Je l'ai regardée droit dans les yeux et j'ai ajouté :

– De toute façon, si jamais il lui arrivait malheur, il n'y aurait plus personne pour te donner de quoi en acheter.

Elle m'a donné raison, l'air complètement perdu.

Je ne pouvais pas imaginer que la situation s'aggraverait à ce point. Liu Yanmei priva Hou Tou de poudre, et contrairement à ce qu'elle avait pensé, il accepta de coopérer mais, après un certain temps, il se sentit très mal. Non pas qu'il en réclamât, mais il se mit à tourner et se retourner sur son lit, allant jusqu'à se cogner la tête contre les murs, sanglotant et reniflant sans cesse. Liu Yanmei, désemparée, pleurait dans son coin. À la fin, elle préféra lui administrer une dose et il reprit aussitôt du poil de la bête.

Plus tard, Hu Tou me confia qu'il avait eu l'impression d'être dévoré par des colonies entières de fourmis qui lui recouvraient le corps, lui pénétraient les veines et s'infiltraient jusqu'à la moelle de ses os. Une sensation horrible que même un martyr de la Révolution aurait été incapable de supporter.

– Tu ne peux pas arrêter ?

– Je ne peux pas.

– Et quand tu devras trancher une tête, comment feras-tu ?

– Il suffira que j'en prenne juste avant pour me donner la pêche et j'irai.

J'étais à court d'arguments.

Su Li travaillait toujours dans le même restaurant. Le directeur, qui l'appréciait beaucoup, l'avait promue chef de salle. Pourtant, un jour en rentrant, la mine sombre, elle décréta qu'elle arrêtait le travail.

– Qu'est-ce qui t'arrive ?

Elle n'avait pas envie d'en parler. J'ai cru que son directeur avait eu quelque geste déplacé ; le sang m'est monté aux oreilles et j'ai aussitôt dit que j'irais le trouver et le dénoncer mais Su Li m'a retenu : non, ce n'était pas ça.

En fait, les « Précieux Délices », conformément à la tendance générale et abandonnant toute intégrité morale, s'étaient mis à fournir des services d'un genre plus particulier. Accepter ou non de coucher, chacune en décidait, mais tenir compagnie à table ou au bar était une obligation.

– Alors tu as été la seule à refuser ?

Elle a acquiescé :

– Elles n'ont pas le choix. J'ai quand même eu un peu plus de chance qu'elles, a-t-elle ajouté en soupirant.

Je lui ai caressé les cheveux en souriant mais, intérieurement, je rageais. Jusque-là, Su Li ne savait pas encore comment je gagnais ma vie. Je lui avais dit qu'on m'employait pour collecter l'argent de dettes contractées envers certaines personnes et que je prélevais mon pourcentage là-dessus pour vivre. À vrai dire, c'est bien ce que j'avais eu l'occasion de faire à plusieurs reprises, elle y avait donc cru sans se poser de questions.

La sonnerie de mon portable a retenti. J'ai vu le code secret et j'ai compris que le boulot revenait. Puisque Su Li n'allait plus au restaurant, je devrais gagner davantage. Après avoir raccroché, j'ai enfourché ma moto et, plein d'ardeur, je me suis précipité dans la boîte de nuit de la rive est où Hu Tou m'attendait.

En entrant, j'ai aperçu un type bedonnant se diriger vers nous tout sourire. La quarantaine environ, de l'allure.

– Voici le directeur Jiang.

Ce dernier s'est avancé en nous tendant la main et, d'un ton chaleureux, m'a salué :

– Grand frère Xiaolong, je suis ravi.

Je ne savais pas de quoi il était ravi.

Il a commandé à boire. Sans me quitter des yeux, le directeur Jiang a dit à la serveuse d'apporter une bouteille de vin français. Ses yeux se sont mis à briller et son sourire est devenu plus naturel.

Il s'appelait Jiang Cheng et dirigeait une entreprise privée de produits alimentaires pour animaux. Dans mon pays natal, un client important à lui, cultivateur, lui devait trois cent mille yuans. De son côté, sa banque faisait pression pour qu'il accélère le règlement.

– Vieux frère, pour un mois d'intérêts, je dois compter mille à deux mille yuans.

À voir l'expression de son visage, on aurait dit qu'on l'écorchait vif.

– Dans ce cas, pourquoi n'exigez-vous pas le paiement avant l'expédition de la marchandise ?

– C'est impossible. Actuellement, nous sommes très nombreux sur le marché ; si tu ne livres pas, tu peux dire adieu aux commandes.

En y réfléchissant, c'était pourtant vrai ; je n'ai pu réfréner un vague sentiment de compassion. Mais, quand nous en sommes venus à parler argent, il n'en fut plus du tout question : il m'a proposé cinq pour cent, j'en voulais quinze, nous avons finalement tranché à dix sans même avoir eu à dépenser beaucoup de salive en pourparlers car il était franc et direct.

À peine avions-nous fixé les termes de notre accord que la jeune serveuse est entrée. Hu Tou a adressé un sourire à Jiang Cheng. Manifestement excité, ce dernier a ouvert le feu ; la désignant du doigt, il m'a dit :

– Allez-y, vous êtes mon hôte.

Je n'ai pas refusé. Comme tu le sais, je n'apprécie pas vraiment ce genre de divertissement. Toutefois, ne va pas croire que c'est par pudeur, certainement pas. Faire l'amour, c'est une chose ; aimer quelqu'un, ç'en est une autre. Tous les hommes ont envie de faire l'amour avec des femmes différentes mais il y a ceux qui le font et ceux qui ne le font pas.

La jeune serveuse, plutôt replète, s'appelait Cheng ; elle s'est installée sur le dos. Mais j'ai préféré la prendre par-derrière. Dans cette position j'ai toujours été excité plus rapidement. J'ai senti, à l'intérieur de mon corps, comme la corde d'un arc tendue au maximum et puis ce fut une éjaculation brutale.

– Tu es formidable.

La demoiselle Cheng avait un sourire tout miel mais, devant mon air dur et cruel, elle a ajouté :

– Je le pense vraiment.

J'ai su qu'elle ne mentait pas quand elle m'a demandé mon numéro de portable. Je le lui ai donné. Plus on a d'amis, plus on a d'opportunités dans la vie et puis, je dois avouer que je ne pouvais prétendre qu'à de pareilles amitiés. Des gens comme Jiang Cheng avaient beau se comporter de façon courtoise avec moi, au fond, ils méprisaient les individus de mon acabit. J'en avais l'habitude et cela m'était égal.

Accepter l'argent de ce type équivalait à faire le boulot à sa place ; du reste, il me faudrait aller chercher cet argent pour l'avoir vraiment. Après avoir rassemblé le matériel nécessaire, je me suis mis en route. J'aurais souhaité emmener Hu Tou avec moi mais Wang Yichuan a refusé. Je n'avais pas l'intention de le mettre dans l'embarras. Bien que je ne sois pas tellement sûr de moi, je me suis résigné à prendre l'autocar tout seul. J'ai regardé s'éloigner peu à peu la silhouette de Su Li qui continuait à agiter la main et je ne saurais exprimer ce que je ressentais au fond de moi.

En vérité, si je n'avais pas été presque à sec, je n'aurais pas accepté ce contrat. La raison en est simple : je craignais de retourner dans mon pays natal et de rencontrer des gens que je connaissais ; je redoutais plus encore d'aller voir Grand-Mère : si, de là où elle était, elle avait eu connaissance de mes activités, elle se serait immanquablement évanouie.

L'arrêt de car était beaucoup plus imposant qu'à mon époque. Quand je suis descendu, j'ai reçu la caresse de l'accent du pays et les rayons du soleil en plein visage. Plusieurs motos-taxis se sont amassés autour de moi. J'ai refusé de monter ; j'avais décidé de faire le tour du bourg à pied afin de trouver un endroit où loger ; de toute façon, il était encore tôt.

J'étais parti depuis plus de deux ans maintenant. Je comprenais enfin ce qu'on entendait par : « la précarité des choses de ce monde ». En marchant dans les rues, j'ai retrouvé des endroits inchangés et d'autres, au contraire, méconnaissables ; en revanche, la plupart des visages de ce bourg m'étaient devenus étrangers. Je n'ai pu m'empêcher de soupirer longuement, tel un poète dont le cœur aurait été submergé par la mélancolie et le regret du passé. Sans même m'en apercevoir, je suis arrivé dans l'étroite ruelle d'autrefois, toujours aussi misérable et délabrée. À l'origine, il s'agissait des bas quartiers : le secteur de la ville le plus mal tenu mais au charme sans pareil à mes yeux. On pouvait entendre des moteurs de bulldozers gronder juste à côté. Étonné et inquiet, je me suis arrêté devant l'entrée de ma maison en fronçant les sourcils. La porte de bois ne tenait presque plus debout tellement elle était vieille et le toit qui prenait appui dessus risquait à tout moment de s'écrouler. Même un mendiant n'aurait osé s'y aventurer. La porte d'à côté s'est ouverte en grinçant, une tête aux cheveux blancs en a émergé et puis il y a eu un cri de surprise :

– Long, mon petit, tu es revenu !

C'était grand-père Kang. Sa femme et lui vivaient de la collecte des vieux papiers. Nos deux familles étaient en très bons rapports et je lui avais confié les clés de chez moi. Brusquement, j'ai oublié qui j'étais, un marginal devenu un tueur à gages de renom ; je m'étais enfui en courant et voilà que j'étais de retour.

– Viens vite, entre donc.

À l'intérieur, il faisait très sombre, il n'y avait même pas la moindre ampoule de quinze watts pour donner un tant soit peu de lumière.

– Et grand-mère Kang ?

Ces mots étaient à peine sortis de ma bouche que grand-père Kang a fondu en larmes.

– Elle s'en est allée, elle n'est plus là, il n'y a plus que moi, je suis resté tout seul.

J'ai eu un mal fou à le réconforter avec quelques paroles de circonstance, des mensonges éculés mais qui faisaient toujours leur effet.

– Tu tombes bien, a-t-il dit, j'allais justement demander à quelqu'un d'aller à la ville te chercher.

– Que se passe-t-il ?

– Ils vont bientôt construire des immeubles neufs ici et il paraît que les maisons comme la nôtre vont toutes être rasées ; le gouvernement donne trente mille yuans d'indemnité à chaque famille. Attends un peu, je vais te montrer le formulaire officiel à signer, je te l'apporte.

– Ça ne me concerne pas, je ne veux pas qu'on démolisse ma maison.

– Long, mon petit, ne sois pas têtu, même si tu ne le prends pas, ils démoliront de toute façon.

– Ils vont oser ?

– Ne dis pas de bêtises, tu ne voudrais quand même pas t'opposer au gouvernement populaire ?

– Bien sûr que si.

J'avais répondu sur un ton rageur, comprenant dans l'instant même que grand-père Kang avait raison.

Il m'a regardé en soupirant avant de se diriger vers la pièce du fond ; en revenant, il m'a tendu une feuille jaunie d'une main peu assurée :

– Voilà ce que j'ai trouvé chez toi après ton départ.

J'ai saisi la feuille et mes mains se sont mises à trembler à mesure que je lisais ces mots :

Si une personne de bonne volonté recueille cet enfant, je la prie de prendre soin de lui et de l'emporter avec elle. Il n'est ni malade ni mal formé. En grandissant, il devrait devenir un très beau garçon car sa mère est jolie. Il devrait être très intelligent car son père l'était aussi. Ses parents ne sont pas sans cœur mais ils n'ont pas le choix. Son papa – Chu de son nom de famille – était un intellectuel; à tort, il a exprimé son opposition à la Grande Révolution culturelle dans son journal; on l'a dénoncé et il a été condamné à mort. Nous n'étions pas encore mariés mais je portais déjà son enfant dans mon ventre. Tout d'abord, j'ai voulu le suivre dans la mort mais j'aurais été indigne de son père si je n'avais pas donné la vie à cet enfant et c'est ainsi qu'en me cachant ici et là j'ai survécu jusqu'à aujourd'hui. Maintenant, l'enfant est né et moi, j'ai assez souffert, je n'ai plus envie de vivre. Je vous en supplie, prenez soin de lui, faites comme si c'était le vôtre et, quand il sera grand, vous pourrez même lui donner votre nom si vous voulez. Son père et moi, du royaume des Morts, nous vous en serons éternellement reconnaissants.

Ceci est mon testament
Long Jiemei
Le 23 février 1976

Ma main ne tremblait plus mais j'avais l'impression d'être debout au milieu d'un brasier à ressusciter un passé douloureux; je me suis mordu les lèvres très fort. Soudain, une tache d'un rouge vif et puis une autre sont apparues sur la feuille de papier, s'élargissant au fur et à mesure qu'elles étaient absorbées, comme des fleurs tombées d'un prunier.

– Long, mon petit, tu saignes, m'a averti grand-père Kang surpris, je vais te chercher du coton.

Je me suis essuyé la bouche avec la main et je l'ai retenu. Par bonheur, je me sentais un peu mieux psychologiquement après avoir versé ces quelques gouttes de sang. Je me suis assis sur une chaise, le corps pétrifié comme un morceau de bois ; les idées se bousculaient dans mon cerveau. Je n'avais jamais interrogé Grand-Mère au sujet de mes parents. En vérité, j'avais souvent eu envie de savoir mais je m'étais retenu de toutes mes forces. Je les haïssais. Pourquoi tous mes copains à l'école avaient-ils des parents qui les aimaient et pas moi ? Qu'est-ce qui les avaient poussés à m'abandonner et m'empêcher de les voir ? Quand arrivait le jour de la réunion des parents d'élèves, je ne pouvais que me cacher pour pleurer tout mon soûl. Je me sentais tellement malheureux, je trouvais qu'ils avaient été tellement méchants que je pleurais. Mais ces pleurs, je tenais absolument à ce que personne ne les voie, même Grand-Mère. Une fois que j'avais fini de pleurer, j'allais sous un robinet effacer à grande eau toute trace de larmes et je me lavais le visage, après quoi je traînais dans les rues avec mon cartable attendant, pour rentrer à la maison, de ne plus avoir les yeux rouges. À cette époque-là, je m'étais juré, les dents serrées, que, s'ils revenaient un jour me chercher, je les ignorerais ; je les regarderais avec des yeux de carpe pâmée et je leur cracherais dessus avant de m'enfuir très, très loin et je les priverais à jamais de l'espoir de m'approcher un jour. Je ne sais combien de fois j'ai élaboré le scénario de cette vengeance dans ma tête. Après la mort de Grand-Mère, cette haine est devenue plus violente encore. J'étais seul au monde, sans personne sur qui compter, par leur faute. Je ne voulais plus jamais les revoir, je tenais à leur donner des remords pour tout le restant de leur vie ; c'est pour cette raison que j'étais parti de façon aussi déterminée, ne laissant derrière moi que les ténèbres d'une maison vide. Occupé à me battre de-ci, de-là, ces deux dernières années s'étaient passées dans la violence et l'agitation, je n'y avais plus beaucoup repensé. Je me disais que j'étais orphelin, c'était très bien comme ça ; j'étais une graine dont personne n'avait voulu, un point c'est tout. Et comme j'étais un laissé-pour-compte, j'avais dû risquer ma vie pour me forger cette réputation et atteindre la position que j'occupais à ce jour. Une fois seulement, ce fut d'ailleurs la seule, au cours d'un repas, Su Li m'avait demandé où étaient mon père et ma mère. Immédiatement, un bol avait volé en éclats.

– Qu'est-ce que c'est que cette question ! Ils sont morts tous les deux, disparus depuis longtemps.

Je n'avais pas pu me contenir, j'avais hurlé en me moquant complètement des clients du restaurant. Après ça, Su Li n'avait plus osé ouvrir la bouche, des larmes roulaient sans arrêt de ses yeux.

Aujourd'hui, c'est de mes yeux que les larmes ne cessaient de rouler. Je découvrais qu'ils étaient morts mais pas du tout de la façon que je m'étais imaginée. Brusquement, la haine soigneusement accumulée durant toutes ces années n'avait plus d'objet ; en revanche un chagrin et un désespoir sans bornes surgissaient en moi. Je regrettais tellement, je n'aurais su dire combien je regrettais. Si je n'avais pas été devant grand-père Kang, je me serais retenu mais, là, je n'ai pas pu et puis à quoi cela aurait-il servi ? Dans cette maison, j'étais depuis toujours et je resterai à jamais un enfant, un enfant à la merci d'une destinée par trop injuste. Le visage caché dans les mains, je me suis mis à pleurer amèrement. Je voulais évacuer toutes ces larmes refoulées depuis tant d'années et rien ni personne n'aurait pu les empêcher de couler enfin.

Je n'ai pas voulu rester coucher chez grand-père Kang de peur de lui attirer des ennuis. Allongé sur les draps blancs de mon lit à l'auberge, les bras en guise d'oreiller repliés derrière la tête, j'étais là, le corps immobile ; même mes yeux restaient fixes, sans le moindre battement de paupière. Le temps s'était arrêté. C'est étrange quand le temps s'arrête, comme si l'eau du fleuve se figeait soudain dans le vide, comme si elle ne pouvait plus couler et restait en suspension. Cet état peut ne durer que quelques secondes, on a alors l'impression qu'une heure s'est écoulée. J'avais l'esprit tout à fait clair, conscient de devoir accomplir encore une autre mission, une mission de loin plus importante que le recouvrement de cette dette dont on m'avait chargé, plus importante que n'importe quelle autre mission au monde.

Des bruits d'eau m'ont éclaboussé les oreilles et l'eau du fleuve s'est remise à couler. Quelqu'un devait prendre une douche. Quelque chose s'est raidi en moi. Je me suis réprouvé intérieurement : tu t'énerves, mon vieux ; et si c'est un mec qui se lave, à quoi t'avancera de bander ? Mais j'ai eu beau m'adresser des reproches, j'avais toujours aussi chaud et je me sentais toujours aussi mal dans ma peau ; évidemment, il faisait très chaud et c'était peut-être là l'explication, mais surtout je n'étais pas habitué à passer la nuit sans une femme dans mon lit et cela me tourmentait bien plus encore. Cette fois-ci, j'étais en mission et je devais m'en arranger. J'ai alors eu l'idée de prendre une douche. Dans cet hôtel familial, les salles de bains (deux en tout et pour tout) se trouvaient au rez-de-chaussée. Une fois déshabillé, je suis descendu. Dans celle de gauche, il y avait de la lumière, je suis donc entré dans l'autre. L'affaire n'a pas duré plus de cinq minutes, premièrement parce que c'était quelque chose de vite fait et, deuxièmement, parce que je craignais qu'on aille farfouiller dans mes affaires (cela dit, j'avais emporté mon portefeuille dans la poche de mon short). Les deux portes ont claqué successivement ; quelqu'un sortait de la salle de bains d'à côté en même temps que moi, une odeur de savon est venue me chatouiller les narines : c'était la femme du patron de l'hôtel. Les cheveux encore mouillés, elle avait pris une serviette pour les essuyer ; elle ne portait qu'une robe légère sans manches qui lui moulait la poitrine de façon extrêmement provocante.

– Vous avez fini ?

Elle paraissait tout à fait à son aise. J'ai acquiescé ; j'avais l'intention de remonter dans ma chambre mais, debout au pied de l'escalier, elle me barrait le passage et ne semblait pas vouloir bouger d'un pouce.

– Et le patron ?

– Il est sorti jouer aux cartes. Ce diable de bonhomme ne se décidera pas à rentrer avant minuit.

Cela me donna aussitôt des idées ; je connaissais le tempérament particulièrement sensuel des femmes de quarante ans. Je l'ai regardée avec un demi-sourire :

– Alors comme ça, vous vous ennuyez le soir.

Elle a tendu la main et m'a saisi par le bras :

– Je ne m'étais pas aperçue que tu étais aussi jeune et aussi coquin, s'est-elle moquée.

Pour tout dire, cette femme avait de beaux yeux ; à la fois libertine et hardie, elle avait un pouvoir de séduction inédit.

– Je ne suis plus un enfant et si vous n'y croyez pas, vous n'avez qu'à essayer.

Elle s'est contentée de sourire et son corps s'est rapproché du mien encore un peu plus. Ce n'était pas pour me déplaire. Cette femme allait droit au but et ça payait. Nous avons fait l'amour dans la salle de bains. Une femme inconnue dans un environnement inconnu, rien de tel pour m'exciter davantage. J'ai très vite laissé libre cours à une joyeuse éjaculation.

– Déjà fini ?

– Sois pas si pressée, il me reste encore deux coups à tirer.

– Vraiment ? N'essaie pas de te faire passer pour un lion.

Je n'avais pas envie d'argumenter, je lui ai ordonné :

– Monte ! Allons là-haut !

Sa culotte à la main, elle a monté les marches en roulant des hanches. Je l'ai suivie et nous avons remis ça dans l'escalier.

La patronne de l'hôtel était une vraie spécialiste en la matière ; plus encore que A Hong, à mon grand étonnement, elle savait bouger à l'intérieur et elle m'a fait jouir à n'en plus pouvoir.

Après une bonne heure de violents ébats, les draps étaient complètement trempés.

– Tu es terrible.

Elle me regardait, le visage rayonnant. Cela allait sans dire. Je lui ai caressé le bout des seins.

– Tu as un sacré tempérament, je me demande comment ton mari arrive à suivre.

– Oh, avec lui, il y a longtemps que ça ne marche plus.

– Dans ce cas, il ne vient plus te casser les pieds.

– C'est pour ça que j'ai accepté avec toi, a-t-elle dit en souriant.

Je ne devais certainement pas être le seul, et j'étais même persuadé qu'il y en avait plus d'une dizaine, mais je n'ai rien dit ; je devinais que si son mari ne rentrait pas avant minuit, c'était pour l'éviter.

– Et ton fils ?

– Son père l'a emmené avec lui.

– Il a quel âge ?

– Onze ans.

Au bout d'un moment, je lui ai demandé :

– Tu ne connaîtrais pas un certain Hu Zhuan ?

– Et comment ! Son fils est dans la même classe que le mien. Il est plein aux as, tous les chefs de districts tiennent à venir lui présenter leurs vœux au Nouvel An.

Je commençais à être fort intéressé.

Hu * Zhuan avait la quarantaine, il était propriétaire d'une exploitation agricole située à la périphérie de la ville ; sa femme s'appelait également Hu de son nom de jeune fille ce qui faisait de leur foyer un repaire de renards. Pour traiter avec un renard, on peut avoir recours à des subterfuges très sophistiqués mais on peut aussi s'en tirer avec les méthodes les plus simples. Je préfère la simplicité alors, sans embarras, je suis allé frapper à leur porte en prétendant être venu leur acheter des pintades. Hu Zhuan m'a accueilli chaleureusement mais une tierce personne (qui n'était pas sa femme) est restée avec nous du début à la fin.

J'ai préféré mettre les choses au clair le plus vite possible ; après m'être assis, je lui ai dit :

* *Hu*, homophone d'un autre caractère chinois qui signifie « renard » ou « renarde ». La renarde est le génie malfaisant, la femme ensorcelante des contes fantastiques populaires.

– Monsieur Hu, je ne vous cacherai pas que c'est Monsieur Jiang Cheng qui m'envoie.

Une fois la surprise passée, il a repris son sang-froid et s'est empressé de composer un sourire :

– Monsieur Jiang ! Comment va-t-il ?

– Pas bien, pas bien du tout. Mais dès que le sieur Hu lui aura rendu ses trois cent mille yuans, il ira beaucoup mieux.

L'air fort étonné, Hu a cligné des yeux :

– Trois cent mille yuans ? Quels trois cent mille yuans ?

J'avais une de ces envies de lui envoyer mon poing dans la figure à ce vieux renard et de lui réduire sa calebasse en bouillie, mais je me suis contenté de rétorquer froidement :

– Monsieur Hu, ne faites pas semblant de ne pas comprendre, dites-moi simplement si vous allez les lui rendre oui ou non.

– Petit Frère, si tu es un peu à court, il ne faut pas te gêner, tu n'as qu'à ouvrir la bouche. Moi, Hu Zhuan, même si je ne suis pas bien riche…

Je n'avais plus la patience de l'écouter jouer la comédie, je me suis levé. La personne présente à mes côtés a fait de même et, sans un mot, m'a observé, impassible. J'ai deviné qu'il s'agissait du garde du corps, pourtant il me faisait une impression bizarre : on aurait dit que c'était lui le véritable maître des lieux.

– Je ne vous raccompagne pas.

Il y avait, dans le ton de Hu Zhuan, une évidente volonté de se moquer de moi et un mépris manifeste. Il allait voir s'il aurait de quoi jubiler longtemps, celui-là.

Lorsque je suis descendu, je suis tombé dans la cour sur une femme vêtue d'une robe d'un rouge flamboyant; elle m'a adressé un sourire enjôleur. Elle n'était pas mal du tout mais c'était le genre de femme qu'un seul homme ne suffit pas à satisfaire. Je suis sorti et je me suis retourné pour la regarder; une lumière rouge m'a ébloui, peut-être sa robe qui virevoltait, peut-être la couleur du sang qui était passée comme un éclair devant mes yeux.

C'était encore le matin mais le soleil était déjà fort. Un moto-taxi est arrivé en cahotant:

– Vous montez?

Le propriétaire de l'engin avait découvert une denture tellement jaune qu'on eût dit qu'il ne s'était jamais brossé les dents de sa vie.

– À l'école primaire Guangming.

Deux heures plus tard, au téléphone, la voix de Hu Zhuan avait perdu le ton hypocrite du matin; ce n'était plus qu'un misérable qui m'implorait. Je lui ai donné un numéro de compte bancaire et j'ai ajouté:

– Si, dans une heure, l'argent n'est pas sur le compte, tu pourras t'en servir pour offrir des funérailles à ton fils de pute.

Il a voulu tergiverser mais j'ai abrégé l'entretien.

Une heure après, Jiang Cheng me rappelait de son portable. Il a bien ri quand je lui ai raconté ce qui s'était passé:

– Grand frère Xiaolong, tu es d'une efficacité redoutable! Je te remercie infiniment!

Ignorant ses compliments, je lui ai lancé froidement :

– Je vous ai donné mon numéro de compte en banque, j'espère que vous l'avez bien noté.

– Sois tranquille, je fais le nécessaire de ce pas.

Après avoir raccroché, je suis passé prendre le fils de Hu Zhuan à son école. Je n'avais jamais eu affaire à lui auparavant ce qui ne m'a pas empêché de l'inviter à s'amuser pendant trois heures aux jeux électroniques dans une salle spécialisée. À voir sa mine réjouie et son enthousiasme débordant, j'ai compris que c'était un adepte de l'école buissonnière. Ensuite, j'ai hélé un moto-taxi et je l'ai fait embarquer en lui disant que des jeux vidéo tout neufs l'attendaient chez lui. Quand il s'est aperçu que l'engin démarrait en trombe, ce petit tyran s'est penché au dehors et, en agitant la main, il m'a dit :

– Au revoir, mon oncle.

Apparemment, je lui aurais laissé un bon souvenir.

Au téléphone, le fameux Hu Zhuan, plutôt amer, m'a dit en se forçant à en rire :

– Tu es intraitable, petit frère.

– Vous me flattez. Pour vous remercier de votre coopération, il y a une chose sur laquelle j'aimerais attirer votre attention.

Grand silence à l'autre bout du fil.

– Vous devriez faire un peu attention aux relations qu'entretiennent votre femme et votre garde du corps.

Une demi-heure plus tard, Su Li m'appelait sur mon portable pour m'avertir que l'argent était arrivé sur mon compte. Exactement comme j'avais prévu, exactement comme la fois où je m'étais payé la femme du patron de l'hôtel. Ce n'était pas une question de chance, j'avais réussi grâce à ma force et ma capacité à évaluer les situations. J'en étais déjà à préparer mon prochain coup. Que Hu Zhuan risque de m'envoyer ses sbires ne me préoccupait pas le moins du monde. C'était un renard et tout ce dont un renard est capable ne lui est finalement d'aucun secours : sa colère furibonde a toujours pu être dominée par la violence de la force brute ; d'ailleurs, ce que je venais de lui dire l'avait très certainement alarmé.

Je n'ai pas pour habitude de parler pour ne rien dire.

Après avoir apposé nos signatures sur leurs formulaires, grand-père Kang et moi avons touché l'argent du gouvernement et on ne peut pas dire que j'étais aux anges. Contre trente mille yuans, ils comptaient extirper à coups de pelle les racines de la maison qui m'avait vu grandir. J'avais entendu dire que la nouvelle construction serait le plus grand hôtel du district. Vous parlez d'un hôtel, plutôt un bordel. Apparemment, l'endroit était voué à ne jamais pouvoir s'affranchir de sa réputation de quartier chaud et chaotique : dans le temps, c'était la pauvreté, les bagarres et les maladies ; bientôt, ce serait la débauche et la barbarie. Je n'avais pas pu m'empêcher d'être triste.

J'ai eu l'impression que quelqu'un m'observait. Quand je l'ai vu, j'aurais voulu pouvoir creuser un trou dans la terre et m'y cacher. Au lieu de cela, je suis resté planté devant lui, je me suis pris la tête dans les mains et j'ai souri bêtement : c'était comme si j'étais revenu trois ans en arrière.

Le professeur Huo était un homme simple et bienveillant ; il m'a demandé avec à la fois de la tendresse plein la voix et un ton quelque peu réprobateur :

– Pourquoi es-tu parti sans rien me dire ? Tu m'as créé bien du souci.

– Le professeur Huo est venu plus d'une fois voir si tu étais là, a ajouté grand-père Kang.

C'était un vrai professeur, dommage que je n'aie pas eu la chance de rester son élève.

– Vous habitez toujours au même endroit, professeur Huo ? ai-je demandé.

– Toujours. Viens donc dîner à la maison ce soir. À sept heures, note bien, n'oublie pas, et viens avec grand-père Kang.

Quand le professeur Huo vous proposait quelque chose, il n'y avait pas moyen d'esquiver, alors j'ai accepté.

Au moment de partir, grand-père Kang a finalement refusé de m'accompagner. Sachant très bien qu'il se serait senti mal à l'aise chez le professeur, je n'ai pas insisté et je me suis mis en chemin, emportant avec moi deux bouteilles d'alcool. Je peux t'assurer que c'était de l'alcool de qualité : un « Nectar des Cinq Céréales » et un « Épée du Printemps du Sud ». Le professeur Huo ne fumait pas et n'avait pas de vice majeur mais il appréciait une goutte d'alcool de temps en temps. Le problème, c'est qu'avec ses charges familiales, il n'avait jamais osé boire de bons vins, se contentant souvent d'alcool de riz à deux sous.

Je suis bien informé car il m'emmenait souvent manger chez lui autrefois. Ces deux bouteilles n'étaient qu'un maigre gage de ma reconnaissance et, néanmoins, je savais que cette attention aurait valeur de remboursement de ce que je lui devais.

Comme je m'y attendais, il a examiné les étiquettes, s'est mis à agiter les mains et, comme terrifié, il a dit :

– Remporte-moi ça, remporte-moi ça tout de suite.

Nous nous disputions à la manière de deux chiffonniers adeptes du Tai-chi-chuan lorsque sa mère est intervenue :

– Vous ne voulez pas attendre d'avoir fini de manger pour continuer le combat ?

Elle me sembla être beaucoup plus petite que dans mon souvenir ; son front était marqué de rides plus nombreuses aussi ; le professeur et moi-même avions toujours considéré ses paroles comme de véritables édits impériaux.

Sur la table, l'inhabituelle abondance de nourriture me mit mal à l'aise ; il ne me restait plus qu'à profiter d'un moment d'inattention du professeur pour ouvrir la bouteille de « Nectar des Cinq Céréales » et remplir son verre.

– Oh là !

Il était comme sur des charbons ardents, tendant le bras pour m'arrêter tout en craignant aussi de renverser la bouteille. J'ai ri de bon cœur et j'ai levé mon verre.

Avec mille précautions, il a dégusté ce breuvage mais immédiatement son visage a perdu toute son honorabilité.

Plutôt fier de moi, je ne pouvais m'empêcher de ressentir aussi de la tristesse.

– Xiaolong a trouvé du travail à Dongguan, c'est ça?

La mère du professeur a pris un beau morceau avec ses baguettes et l'a fourré dans mon bol. Je me suis empressé d'acquiescer pour donner le change.

– C'est ça, c'est ça.

– J'ai une nièce qui est là-bas aussi, tu dois la connaître?

Ma tête s'est mise à fonctionner trois fois plus vite, j'ai souri :

– Dans mon usine, il n'y a personne d'autre du pays et puis on est terriblement surveillés, on n'a pas le droit de sortir, sans compter qu'il est mal vu de fréquenter ses compatriotes.

– C'est pareil dans l'usine de ma nièce, ils sont parqués comme dans un enclos. À quoi ça sert d'être gardés aussi sévèrement?

Craignant qu'elle ne finisse par me demander dans quelle usine j'étais, je me suis empressé de demander :

– Le professeur Chen habite toujours en face?

– Lui? Il y a longtemps qu'il a emménagé dans une maison toute neuve.

Surpris, j'ai stoppé mes baguettes dans leur élan :

– Comment se fait-il alors que vous ne soyez pas partis vous aussi? Le professeur Huo a plus d'ancienneté que lui, il aurait été juste qu'il soit prioritaire.

Le professeur Huo buvait comme si de rien n'était; sa mère, elle, a éclaté :

– Nous n'avons pas pu donner assez d'argent ! Tu sais combien nous avons de charges et combien ton professeur est honnête ; les autres se débrouillent pour extorquer de l'argent à leurs élèves ; lui, non seulement il ne mange pas de ce pain-là mais, en plus, il les accuse de ne pas avoir de moralité, c'est vraiment une idée fixe chez lui. Allez, suffit, assez parlé de ça, c'est le destin.

J'ai soupiré intérieurement et j'ai dit :

– Le professeur Huo est un vrai maître, nous qui avons été ses élèves le vénérons du fond du cœur. En revanche, prenez le professeur Chen, je l'appelle « Maître », mais je ne le considère pas comme tel dans mon cœur.

Le professeur Huo a attrapé son verre en opinant et comme s'il se parlait à lui même :

– Triste époque, tout part à vau-l'eau.

L'atmosphère devenait de plus en plus pesante alors je me suis efforcé de détourner la conversation :

– Et que devient grande sœur Xia ?

– Actuellement, elle est étudiante à l'université et elle va bientôt passer son diplôme de fin d'études ; on essaie de lui trouver du travail.

– Elle veut rentrer au pays ?

– C'est dur de trouver du travail ailleurs. Elle n'a étudié qu'une spécialité, si elle ne revient pas ici, où veux-tu qu'elle aille ?

– C'est vrai. Quelle unité de travail comptez-vous contacter ?

– Apparemment, on pourrait lui trouver quelque chose

auprès des autorités locales. Le professeur Huo s'est finalement décidé à demander.

– Oh, c'est donc ce que vous êtes allé faire ce matin ? Il faut avoir des relations, non ?

– J'ai un cousin germain qui est actuellement Secrétaire du Comité politique et juridique du district.

Devant moi, un éclair ; ce fut comme si je marchais dans la nuit et que je venais de retrouver mon chemin : j'ai su dans quelle direction je devais aller. L'heure était venue d'agir.

Après avoir écouté mon histoire jusqu'au bout, le professeur Huo a pâli.

– Vous les connaissiez ?

Je lui ai pris la main mais je l'ai aussitôt relâchée. Le professeur n'en revenait pas ; sa mère, sous le coup de la surprise, s'est mise à hurler :

– Mais alors, tu es le fils de Long Jiemei ! Pas étonnant que j'aie toujours trouvé que tu me rappelais quelqu'un. Comment aurais-je pu me douter que tu étais son fils !

– Incroyable, incroyable, ne cessait de répéter le professeur en hochant la tête.

Puis il s'est tourné vers sa mère :

– Ces photos où tu es avec elle, va donc les chercher pour les montrer à Xiaolong.

En vérité, ma mère et celle du professeur avaient partagé « le riz de la même marmite » pendant trois ans lors du grand mouvement de retour à la base ; elles étaient toutes deux affectées à la même unité de production. Sur les photos, reflets du temps jadis, les gens étaient pris en groupe ; rares étaient celles où il n'y avait que trois personnes, je pus toutefois reconnaître ma mère — cette jeune instruite aux lèvres minces, au nez bien dessiné et aux yeux légèrement enfoncés ; les oripeaux d'époque dont elle était vêtue n'arrivaient même pas à dissimuler l'éclat de sa beauté. La mère du professeur m'a alors appris que Maman chantait très bien, dansait à merveille et que tout le monde la trouvait superbe.

– Et Papa ? Que faisait-il, lui ? Pourquoi l'a-t-on fusillé simplement pour avoir émis quelques critiques contre la révolution culturelle dans son journal intime ? Sur quoi la Grande Révolution culturelle s'était-elle basée pour être perfide à ce point ?

– Ton père s'appelait Chu Jiefang* et il était à l'époque le plus jeune Secrétaire du Comité révolutionnaire du district. Il avait la pâleur typique du lettré et portait des lunettes ; plutôt taciturne, il se promenait souvent tête baissée, perdu dans ses pensées. Un jour, on l'a chargé d'écrire pour un rôle lors d'un festival littéraire et artistique qui avait lieu au chef-lieu ; là, ta mère et lui sont tombés amoureux au premier regard. Ils étaient les parangons du lettré de talent et de la beauté féminine et, naturellement, ils ont éveillé la jalousie de ceux qui les voyaient ensemble. Lorsque ta maman a voulu être trans-

* *Jiefang*: prénom très commun en Chine au début des années Mao qui signifie « Libération » en référence à la guerre gagnée par les communistes en 1949.

férée à la ville et entrer dans l'équipe de propagande culturelle du chef-lieu de district, ce fut alors comme un coup de tonnerre dans un ciel serein : en l'espace d'une nuit, ton papa est devenu un ennemi de classe avec, comme chef d'accusation, les attaques insolentes qu'il avait lancées dans son journal intime contre la Grande Révolution culturelle du Prolétariat, preuves irréfutables qu'on ne lui a même pas permis de contester. C'était une époque de terreur où, dans le pays tout entier, régnait la plus grande sévérité ; il a donc été condamné à mort et exécuté. Les gens de sa famille ne sont pas allés récupérer son corps pour ne pas éveiller les soupçons. Ta mère, qui n'était encore rien pour lui officiellement, l'a enterré en cachette.

– Où est-il enterré ? ai-je demandé, interrompant brutalement le laborieux récit du professeur.

J'ai eu le cœur serré quand je l'ai vu me signifier qu'il n'en savait rien ; j'étais de nouveau plongé dans le noir le plus profond.

– J'ai perdu la trace de ta mère. On a découvert son cadavre dans le fleuve juste après la mort de Mao Zedong. Ton grand-père et ta grand-mère maternels avaient déjà disparu. Du côté de ton père, il reste quelques oncles. Je t'emmènerai bientôt les voir.

– Je n'irai pas, je ne veux pas les connaître.

– Tu ne dois pas trop leur en vouloir. À l'époque, les choses se passaient toujours ainsi étant donné le contexte.

– Le contexte a bon dos, laissez-moi rire. Si quelqu'un

faisait du mal à Su Li, soyez sûr que j'irais la venger envers et contre tout, à plus forte raison s'il ne restait plus d'elle qu'un cadavre.

J'ai poussé un long soupir puis, en regardant le professeur droit dans les yeux, j'ai dit :

– Je veux simplement que vous me conduisiez jusqu'au Secrétaire Huo.

La main du professeur Huo a tremblé et son verre s'est brisé en mille morceaux par terre.

– Pourquoi ?

– Je veux voir le dossier concernant mon père et les minutes du procès.

Je ne m'attendais pas à ce que le professeur me dise :

– Que veux-tu y trouver ? C'est inutile d'aller lire tout ça.

– Je veux savoir qui est le bâtard qui l'a dénoncé.

De nouveau, le professeur est devenu blême. Un second éclair a zébré l'horizon devant moi.

– Je vous implore à genoux, professeur Huo, vous devez forcément savoir ! Vous devez absolument me le dire !

Ne sachant pas comment réagir, il a voulu me relever mais je n'ai pas bougé ; le visage baigné de larmes, il m'a avoué :

– Hélas Xiaolong, il ne faut pas lui en vouloir. C'est un cousin à moi ; aveuglé par l'amour, un jour il a perdu la raison, il ne savait plus ce qu'il faisait ; lui aussi aimait ta mère…

Abasourdi, j'ai baissé les yeux et, de toutes mes forces,

j'ai appuyé la paume de ma main par terre. J'ai ressenti une intense douleur que je n'ai même pas cherché à faire disparaître tant j'y étais indifférent ; elle pouvait, à la rigueur, m'éclaircir les idées. Tout cela avait été si soudain, si déroutant mais en même temps si heureux pour moi, une vraie chance ; je devais reprendre mon sang-froid et réfléchir calmement...

La tombe de ma mère se trouvait sur un tertre funéraire à l'ouest du bourg. Elle n'avait rien d'imposant, juste une stèle rajoutée après coup sur laquelle étaient gravés les noms de mon grand-père, de ma grand-mère et de mon oncle maternels. Mes deux grands-parents maternels reposaient non loin de là. Je savais maintenant qu'ils avaient été cadres dans le sud du pays ; ils s'étaient montrés sévères et exigeants avec ma mère ; celle-ci ne leur avait donc pas dit qu'elle était enceinte et était allée se cacher dans un endroit inconnu de tous pour me mettre au monde. Je pouvais éventuellement leur pardonner à eux mais à d'autres je refusais le pardon.

Le professeur Huo, à côté de moi, observait un silence respectueux. Le vent soufflait dans ses cheveux précocement blanchis et les agitait tout comme les herbes folles sur la tombe.

Nous sommes redescendus jusqu'au bourg côte à côte, toujours silencieux.

J'ai émis le souhait d'aller trouver mon oncle maternel. Le professeur m'a encouragé d'un hochement de la tête puis il a voulu parler mais il s'est ravisé, se contentant finalement de soupirer et de me donner une tape sur l'épaule avant de s'éloigner, la tête basse. En regardant disparaître cette petite et maigre silhouette couleur bleu nuit, j'ai eu le cœur lourd.

L'usine était située dans les quartiers est du chef-lieu de district. J'aurais pu y parvenir très rapidement en prenant un bus mais j'ai choisi de m'y rendre à pied : j'avais besoin de faire un peu d'exercice pour me soulager des tourments qui me rongeaient. C'était comme si j'avais réfléchi à tout et qu'en même temps rien n'était vraiment clair. Je marchais distraitement sur l'avenue lorsque le sifflet strident d'un agent de police m'a littéralement crevé les tympans, me ramenant du même coup à la réalité.

– Il est mort, il a été tué.

Je me suis retourné : des passants se parlaient à l'oreille ; leurs visages reflétaient une formidable excitation. Autrefois, j'ai souvent été témoin de ce genre de scène et je n'y voyais rien de mal ; maintenant, elle m'inspire un violent dégoût. C'est ça, réjouis-toi donc de la mort d'un inconnu et tu comprendras ta douleur le jour où il s'agira d'un de tes proches. Je les maudissais en moi-même mais je ne pouvais pas les empêcher d'éprouver ce plaisir cruel. J'allais accélérer le pas pour échapper à ce complot dont je ne voulais pas faire partie lorsque je les ai vaguement entendus prononcer le nom de Hu Zhuan, j'ai tendu l'oreille pour écouter la suite.

– Tu ne t'es pas trompé ?

– C'est bien Hu Zhuan.

– Que s'est-il passé à la fin ?

– Sa femme le trompait ; il a voulu les prendre en flagrant délit ; dis-toi qu'il s'est fait descendre par le type.

– Cela n'en valait vraiment pas la peine.

– On dit qu'il s'agit du garde du corps qu'il avait engagé.

– Je me disais bien que sa femme était le mauvais génie de la renarde ensorceleuse.

– À quoi sert-il de venir raconter ces choses-là maintenant ?

– …

Les usines de l'intérieur du pays n'ont rien à voir avec celles des régions côtières : c'est comme si on voulait comparer des gens qui se sont ruiné la santé à force de se droguer à des gens bien portants. On comprenait au premier coup d'œil que l'usine de mécanique avait cessé sa production ; personne n'en avait réparé l'enseigne depuis de nombreuses années et, devenue toute grise, elle ne ressemblait plus du tout à ce qu'elle avait été. À l'entrée, personne ne s'est inquiété de moi ; le gardien avait dû quitter son poste depuis belle lurette pour un travail au noir à Canton. Jadis, je venais souvent jouer ici ; une fois, les enfants qui habitaient l'usine avaient commencé à se battre ; l'un d'entre eux avait été frappé si fort que le sang avait giclé de son nez, tellement loin que j'avais failli ne pas me sauver à temps et en être aspergé. À l'époque, qui se serait douté que mon oncle habitait là ? En ce temps-là, je pensais encore être une mauvaise graine dont les parents n'avaient pas voulu, un enfant différent des autres qui n'aimait pas la compagnie de ses camarades de classe et se débrouillait toujours tout seul. Je bouillonnais intérieurement, tout mon être n'était qu'un brasier sans nom et ce monde ne me plaisait pas. Aujourd'hui, je ressens toujours la même colère mais la tristesse et le découragement s'y sont ajoutés : j'ai compris que ce n'est la faute de personne si certaines choses nous arrivent. Peut-être qu'au fin fond des ténèbres, il existe une forme de destin et que j'étais prédestiné à cette existence solitaire. Malgré la présence de Su Li à mes côtés et sa tendresse pour moi, j'avais quand même cette sensation d'isolement, surtout dans mon emploi de truand ; je savais que je ne pouvais compter sur rien ni personne sinon sur mes propres forces et mon courage. Su Li ne devait pas avoir ce sentiment de solitude parce qu'elle pouvait compter sur moi ; sur moi qui n'avais aucun appui et qui, de plus, avait en charge d'autres existences. Le véritable sentiment de solitude est certainement réservé à ceux qui, comme moi, veulent rester maîtres de leurs décisions. Ce constat m'a inconsciemment rasséréné et je me suis redressé. Devant moi, le chemin montait et, du sommet de la côte, une petite fille seule arrivait à ma rencontre dans une robe aux couleurs vives qui, vue de plus près, avait plutôt l'air d'un haillon. Elle devait avoir onze ou douze ans et marchait les yeux rougis et les lèvres serrées. L'expression de son visage m'a ému et je me suis penché vers elle.

– Sœurette, quelqu'un t'a-t-il fait de la peine ?

Elle m'a regardé en coin sans me répondre mais ses yeux sont devenus plus rouges encore. C'est surtout ce regard en coin qui m'avait ému car j'y avais reconnu l'air insolent que j'affichais moi-même autrefois.

– Tu t'appelles Long, c'est bien ça ?

Elle a ouvert de grands yeux :

– Je ne te connais pas.

– Tu ne me connais pas mais moi je te connais, et je connais aussi ton papa ; il s'appelle Long Tiejun, n'est-ce pas ?

Oui, a-t-elle fait de la tête mais, toujours plus sur ses gardes, elle a eu un mouvement de recul :

– Qui es-tu ?

Comme c'était déchirant : avoir devant soi sa propre cousine et ne pas pouvoir lui dire qu'on est son grand cousin. J'ai réfléchi un instant et je lui ai dit :

– Je suis l'apprenti de ton père.

– Alors, pourquoi je t'ai jamais vu ?

La petite était coriace. J'ai ri :

– Tu étais trop petite. Comment veux-tu t'en souvenir maintenant que tu est devenue une si grande fille ?

– Tu viens voir Papa ? Il est parti travailler à Canton.

– Et ta maman ?

– Elle est à la maison.

– Emmène-moi la voir.

– C'est pas possible.

Elle a écarté tout grands les bras pour m'empêcher d'aller plus loin.

– Qu'est-ce qui te prend ?

– On a un invité à la maison, Maman m'a envoyée jouer dehors.

– Qui est cet invité ?

– C'est oncle Huang.

– Qui est oncle Huang ?

– C'est le patron de l'usine.

– Et pourquoi a-t-il fallu que tu t'en ailles ?

– Maman a dit qu'ils devaient se parler et elle m'a dit aussi de le raconter à personne. Tu le répéteras pas, hein mon oncle ?

J'ai eu envie de pleurer.

– Votre voisin, c'est toujours oncle Zhu ?

– Non, c'est oncle Liang.

– C'est vrai, c'est oncle Liang. Tu emmènerais Grand-Frère lui rendre visite ? Après, Grand Frère ira t'acheter des bonbons. Qu'aimes-tu comme bonbons ?

Je l'ai prise par la main.

– Ce que je préfère, c'est les grands lapins blancs.

– Tout à l'heure, j'irai t'acheter des grands lapins blancs.

– Vrai ?

C'est tout juste si elle ne s'est pas mise à danser.

– C'est très cher, a-t-elle ajouté.

– Aucune importance. Je vais t'en acheter plein.

– Pourquoi t'es aussi gentil avec moi ?

Ne sachant quoi lui répondre, je me suis contenté de lui caresser la tête en m'efforçant de sourire.

Nous sommes arrivés devant une rangée de maisons basses. Ma cousine a désigné l'une d'elles et m'a dit :

– C'est celle de tonton Liang.

Elle ne cessait de regarder la bâtisse de gauche.

– C'est ta maison, n'est-ce pas ? lui ai-je demandé en la lui montrant du doigt. Il y a bien longtemps que je n'y suis pas venu.

D'un signe de la tête, elle a donné confirmation alors j'ai sorti un billet de cinq yuans et je le lui ai fourré dans la poche.

– Tu vas aller t'acheter des bonbons toute seule, n'est-ce pas ?

Surprise, elle a sursauté.

– C'est beaucoup trop, non ?

– Grand Frère n'a pas de pièces, tu me rendras la monnaie, va vite.

Dès que j'ai vu disparaître sa silhouette, le feu de la colère qui n'avait cessé de couver en moi est revenu à la surface. « Vlan ! » J'ai volontairement lancé dans la porte un coup de pied tellement fort que tout le voisinage a dû l'entendre. J'ai fait irruption à l'intérieur où il faisait très sombre. Il y avait deux pièces, une devant et l'autre derrière d'où parvenaient des bruits. Je n'allais même pas leur laisser le temps d'enfiler une robe ou un pantalon. Dans l'obscurité, j'ai pu très nettement distinguer deux visages frappés de stupeur. Avec sa barbe de trois jours, le « tonton Huang » avait plutôt l'air d'un « vieux Huang ». Après le coup de poing que je lui ai donné, il avait le visage en sang et il s'est cogné le genou en se traînant sous le lit.

– Ne le frappez pas, ne le frappez pas ! criait la voix aiguë de la femme.

Dans tout ce remue-ménage, je lui ai frôlé les seins, ça m'a donné envie de vomir, je n'avais même pas envie de regarder. J'ai écrabouillé le dénommé Huang, lui cassant deux côtes avant de le traîner dehors, nu comme un ver, et je l'ai jeté dans la rue comme un tas de boue immonde en lui hurlant :

– Ça t'apprendra à voler la femme d'un autre !

Puis je suis parti sous les regards des voisins qui s'étaient peu à peu regroupés. Autrefois, la classe laborieuse faisait bloc mais aujourd'hui ses membres n'étaient plus solidaires les uns des autres. Ils se sont écartés comme un seul homme pour me laisser passer.

– Il a bien fait.

Leurs commentaires m'ont rassuré. Sur le chemin, je n'ai pas croisé ma cousine ; elle était peut-être encore au magasin hissée sur la pointe des pieds à peser ses bonbons. Ce petit démon savait vraiment ce qu'il voulait. Le même sang coulait dans nos veines. Craignant qu'elle ne me réclame encore des sous, j'ai hélé un moto-taxi et je suis rentré à l'auberge sans plus tarder.

Le soir, j'ai à nouveau forniqué avec la femme de l'aubergiste. En vérité, j'étais épuisé mais cela ne m'a pas empêché d'être aussi efficace que la veille : j'en avais tellement gros sur le cœur ce jour-là que même les coups de poing n'avaient pas suffi à me calmer. Je l'ai rendue folle de plaisir. Un partenaire de ma trempe était pour elle une chance inespérée. Pour une femme de trente ou quarante ans, un jeune homme d'une vingtaine d'années est le meilleur des partis car c'est la période où le désir sexuel est à son apogée. Dommage que le ciel se soit complu à fabriquer des incompatibilités ; sans d'heureuses coïncidences, les grandes différences d'âge dans les couples seraient chose rarissime. L'aubaine se présentait à moi aujourd'hui alors pourquoi ne pas en profiter ? Je lui ai fourré un coin d'oreiller dans la bouche, craignant que ses cris ne fassent s'écrouler le plafond de la chambre. Quand je le lui ai retiré, elle était incapable d'émettre un son. En y repensant, elle avait les yeux remplis de larmes au moment où son sexe avait serré le mien très fort.

La nuit qui a suivi, j'ai rêvé de mon père. Je ne l'ai jamais vu mais je sais certaines choses sur l'homme qu'il était : maigre, portant des lunettes et des vêtements étonnamment blancs, marchant sans s'arrêter, indifférent à la foule autour de lui. Discrètement, je l'observais mais il n'avait pas remarqué ma présence et je n'osais pas non plus me manifester : mon père était un intellectuel porté par un idéal, un être supérieur et respecté. Moi, je n'étais qu'un pauvre hère voué à souffrir, la lie de la société, en but au mépris. Les yeux fixés sur ce corps malingre, si grand et droit pourtant, je sentais monter en moi une sorte de condamnation muette. Il marchait toujours plus vite comme s'il avait voulu se tenir loin de moi et m'abandonner. « Pang » : une détonation sourde avait retenti ; dans le dos de mon père, une tache rouge était apparue et s'était très vite étendue, jusqu'à maculer son corps tout entier. Il ne s'était aperçu de rien et continuait à marcher sans relâche.

– Papa, papa !

Je l'appelais à grands cris. Quand j'ai ouvert les yeux, tout était noir autour de moi.

Le Secrétaire du Comité politique et juridique du district avait pour nom Huo Guoxiong et demeurait au numéro quarante-neuf des nouveaux quartiers est de la ville. Tous les jours à neuf heures et demie, il partait travailler à bord de son Audi et, le soir, il ne rentrait jamais avant minuit. On avait procuré à sa femme un emploi à la banque du Commerce et de l'Industrie, en dépit de son niveau d'instruction primaire. Ils avaient un fils dont ils payaient les études à l'université de Changsha. Le dénommé Huo avait en outre une maîtresse, une certaine Wu, patronne du bordel clandestin local. Lorsqu'il ne rentrait pas de la nuit, c'est qu'il allait chez elle. Dans l'immédiat, je n'avais pas l'intention de bouger le petit doigt, je voulais attendre qu'il fasse le nécessaire pour la fille du professeur Huo. S'il refusait de l'aider, j'aurais une raison supplémentaire de le tuer et je me sentirais moins coupable envers le professeur. Seul problème : allais-je rester ici à attendre que la situation s'éclaircisse ou allais-je rentrer me reposer et réorganiser mes troupes ? En réalité, il n'était pas dit qu'une fois rentré on vienne me proposer une autre mission mais j'avais très envie de retrouver Su Li. J'aurais pu me mettre en quête de quelque gibier à me mettre sous la dent car il existait d'autres filles comme elle mais aucune n'aurait pu la remplacer. Je n'irais pas jusqu'à dire que je l'aimais d'amour mais je souhaitais qu'elle soit la femme de ma vie. Elle non plus ne pouvait pas se passer de moi : elle m'avait appelé un nombre incalculable de fois. Elle a de nouveau fait sonner mon bipper, notre code secret était le cent onze, nous étions convenus de ne nous en servir qu'en cas d'urgence. Je me suis précipité dans une embrasure de porte et j'ai pianoté son numéro. Dans la voix angoissée de Su Li, on pouvait percevoir des sanglots étouffés :

– Grand frère Long, reviens, vite !

– Qu'est-il arrivé ?

– Hu Tou est mort.

Hu Tou était allongé là, devant moi. Il faisait une telle chaleur que son visage était déjà tout enflé malgré les nombreux blocs de glace qu'on avait placés sous son cercueil. Ses yeux s'étaient fermés depuis longtemps et ils ne s'ouvriraient jamais plus pour me regarder. Je savais qu'il avait été poignardé mais je n'ai pas pu voir sa blessure. Les yeux de Liu Yanmei ressemblaient à des pêches à force d'avoir pleuré. J'ai retenu ma colère, estimant que ce n'était pas le moment de lui intenter un procès.

Wang Yichuan a pris en main l'organisation des funérailles. Il m'a chargé de le représenter. Je devais rester calme pour accueillir ceux qui viendraient présenter leurs condoléances. Ceux-ci furent extrêmement nombreux en raison de la réputation de Hu Tou et du fait même que Wang Yichuan avait été son chef de bande.

Certains gros bonnets ne souhaitèrent pas venir en personne et chargèrent quelqu'un d'autre d'apporter offrandes, couronnes de fleurs ou sommes d'argent. Le jour dit, les gars de la bande se sont mis en chemin, vêtus de blanc avec, au bras, un brassard noir. Vingt voitures ont contourné la ville en direction du crématorium. Quand j'ai vu le cadavre de Hu Tou glisser lentement à l'intérieur du four crématoire, j'ai été pris de violents frissons ; je comprenais enfin ce que voulait dire être « tourmenté par les affres du remords ». Su Li tentait désespérément de retenir Liu Yanmei pour l'empêcher de se précipiter dans le feu. Moi, j'avais terriblement envie de l'y expédier d'un bon coup de pied pour qu'elle soit brulée vive avec Hu Tou mais je savais que je ne devais pas décharger ma colère sur elle. Quoi qu'on en dise, c'était la femme de mon frère et ami, elle avait fait un bout de chemin avec lui. J'ai regardé Wang Yichuan du coin de l'œil ; il avait la mine sombre mais son visage ne trahissait aucune émotion. On ne pouvait rien lui reprocher, c'était un bon chef de bande qui assumait ses responsabilités et plaçait la barre très haut. En gravissant la colline, les membres du gang au grand complet marchaient sur deux rangées, formant une haie aux porteurs de cadeaux funéraires. Liu Yanmei tenait la photo du défunt et moi l'urne avec ses cendres. Les pétards qui n'arrêtaient pas d'exploser autour de nous s'autodétruisaient désespérément. La tombe était tournée vers le sud, face au pays natal de Hu Tou. Quand j'ai vu le maître de cérémonies refermer le tombeau, j'ai eu du mal à croire que tout cela était bien réel : qu'un garçon intelligent comme un dragon, féroce comme un tigre, craint de tous, même des fantômes, soit ainsi réduit à une poignée de cendres scellées pour l'éternité à trois pieds sous terre. Les cierges et la monnaie des morts qui brûlaient nous avaient mis en nage. Tout devenait confus dans ma tête à force de regarder les flammes vaciller, capricieuses, au gré du vent. Quelqu'un m'a tapé sur l'épaule : c'était Wang Yichuan. Malgré sa voix enrouée, j'ai très clairement entendu chacune de ses paroles :

– C'est à toi que je confie le soin de venger notre frère.

Hou Tou avait été assassiné par les survivants de la bande de Si Yezhu. Lors des combats entre les deux bandes rivales, Hu Tou, qui était généralement en première ligne, en avait exterminé plus d'un ; il était donc devenu leur objectif numéro deux en termes de vengeance. Il leur était extrêmement difficile de toucher à Wang Yichuan, toujours sur ses gardes et dont la cache était tenue secrète. Hu Tou, lui, naviguait davantage à découvert ; comme il se pavanait au vu et au su de tous, il était une cible beaucoup plus facile à atteindre. En admettant qu'il soit resté ce jour-là sur son terrain, il ne lui serait rien arrivé mais, comme par hasard, Liu Yanmei avait fait un caprice et avait convaincu Hu Tou de l'accompagner faire du patin à glace. Sur les rives du fleuve, les terrains de jeux et autres lieux de divertissements pullulaient mais il n'y avait pas de patinoire.

Ils avaient donc été contraints d'aller au Palais de la culture des travailleurs, juste à la sortie de l'avenue de l'Ouest. Les autres ne se sont pas laissé démonter pour autant, ils les ont suivis jusqu'au centre et, quand il les ont vus pénétrer à l'intérieur, ils ont préparé leur embuscade devant l'entrée et ont appelé d'autres copains à la rescousse sur leurs téléphones portables. Ces lascars, au nombre de huit ou neuf, avaient tous des compères. En sortant, Hu Tou s'est retrouvé encerclé ; un moment, il a pensé faire demi-tour mais ils étaient aussi derrière lui, l'empêchant de reculer. Il ne pouvait qu'aller de l'avant et foncer comme un perdu. Quand il attaquait, Hu tou était un véritable boulet de canon, rien ne pouvait l'arrêter ; même après avoir reçu plusieurs coups de couteau, il avait toujours trouvé le moyen de se dégager. Mais, cette fois-là, ses jambes se sont dérobées sous ses pieds, il était vidé, sans force : la cocaïne allait causer sa perte. Liu Yanmei avait eu de la chance. À la patinoire, Hu Tou et elle s'étaient chamaillés, elle avait insisté pour rester. Elle a entendu dire que quelqu'un avait été tué à l'extérieur mais l'idée n'était même pas venue à cette écervelée qu'il pouvait être arrivé malheur à Hu Tou ; elle s'était précipitée dehors pour jouir du spectacle ; un seul coup d'œil lui avait suffi pour se retrouver par terre, paralysée, incapable de passer le moindre coup de téléphone : ce précieux objet n'a pourtant pas d'autre utilité que de servir à appeler à l'aide si besoin est. Mais inutile de lui jeter la pierre ; c'était maintenant à moi de débusquer ces voyous et leur signifier qu'il leur faudrait payer le prix de leur méfait. En l'occurrence, le prix à payer serait leur vie.

Officiellement, je n'avais pas intégré la bande, arguant que je voulais attendre d'avoir mené à bien mon expédition punitive pour brûler l'encens et boire le sang rituel. Wang Yichuan n'avait pas discuté. Au sein de la confrérie, le privilège de trancher lui revenait et je n'avais jamais vu personne le contredire ; Hu Tou lui-même, si contestataire, n'avait jamais osé. Je m'y étais risqué le premier, contraint et forcé. Je ne me serais pourtant jamais vanté d'avoir claqué la porte du clan car Wang Yichuan était un chef respectable qui avait en main de grosses affaires et l'on n'avait rien à craindre quand on travaillait avec lui. En ce qui concerne les copains de Hu Tou, je les connaissais tous et, à l'exception de Jin Laosi, je m'entendais bien avec eux. En réalité, Jin Laosi n'avait rien à me reprocher mais, après la mort de Hu Tou, c'est lui qui, par ordre d'ancienneté, aurait dû être promu ; jamais il n'aurait imaginé que je puisse prendre sa place. Il disait du mal de moi et me traitait de tous les noms derrière mon dos mais se tenait à carreaux en ma présence. Je dois avouer que je me sentais un peu en faute mais je n'en laissais rien paraître ; au contraire, je m'efforçais d'étouffer ses griefs et de faire de lui un chien soumis. Pour survivre dans notre sphère, il faut un cœur de pierre et une main de fer, sans quoi on court le risque d'être exterminé.

Les hostilités ont commencé. J'avais vingt hommes sous ma responsabilité, nous étions donc vingt et un avec moi. J'avais formé trois équipes : Bian Mao dirigeait la première, Gong Jianzhang la deuxième et moi la troisième. En toute logique, Jin Laosi aurait dû prendre le commandement d'un des groupes mais je voulais l'avoir avec moi. Sur le moment, il avait fait grise mine. Je lui avais aussitôt décoché un coup de pied pour bien lui faire comprendre qu'il n'était pas question d'en débattre avant que Hou Tou ne soit vengé.

– Est-ce que, par hasard, tu ne voudrais pas venger ton frère Hu ?

Tous les autres avaient les yeux fixés sur lui. Les larmes aux yeux, il avait murmuré :

– Qui ne voudrait pas le venger ?

Je lui avais donné une tape amicale sur l'épaule :

– Voilà ce qui s'appelle être un bon camarade.

Pour l'heure, je tenais quatre des assassins de Hu Tou avec, en tête de liste, un dénommé Jie Xiaodong, un homme au faciès très ordinaire à l'exception de son grand nez. Il habitait rue du Progrès. Quand j'ai fait irruption chez lui, je n'ai trouvé que sa sœur aînée en train de donner le sein à son bébé. Elle n'a pas cillé, elle en avait vu d'autres manifestement et, tout en continuant à allaiter, elle nous a informé que son frère avait quitté la ville.

– Où est-il allé ?

– Quelque part au bord de la mer. Si ce n'est pas à Canton, c'est à Shenzhen. Qu'est-ce qu'il a encore fait de mal ?

Un de mes acolytes s'était mis en tête de la violer ; je l'en ai empêché.

Bian Mao n'a déniché personne à la gare mais Gong Jianzhang a réussi à extirper un compère de Si Yezhu d'un wagon-couchette à la gare de l'Ouest. L'énergumène était rusé ; il a cherché à attirer l'attention en hurlant pour que quelqu'un vienne à son secours mais, d'un coup de poing, on lui avait démoli le menton et on me l'avait amené. Parfait. Si Yezhu avait expiré sous mes coups et maintenant l'un de ses condisciples tombait entre mes mains ; à croire que j'étais sa mauvaise étoile.

Celui-là s'appelait Fei Zhu, Cochon Volant, mais je le soupçonnais de s'appeler Fei Zhu, Cochon Bedonnant de son vrai nom et de l'avoir modifié, le jugeant peu gratifiant. Je dois admettre que Fei Zhu était coriace : ni les coups de poing ni les coups de pied n'ont réussi à le faire parler. Je me tenais à l'écart mais, à bout de patience, je me suis approché et, avec un sourire mauvais, je lui ai dit que j'étais une vieille connaissance de son chef ; par égard pour mon frère Yezhu, je le libérerais à condition qu'il me raconte ce qui s'était réellement passé.

– Tu me prends pour un gamin ? Tu crois que je ne sais pas qui tu es ?

Dans ses yeux roulaient deux boules de feu. Les choses se compliquaient. J'ai souri et je lui ai descendu le pantalon. Alors seulement il avait commencé à prendre peur :

– Qu'est-ce que tu veux me faire ?

– Te faire jouir un peu.

S'il avait quelque chose dans la tête, le gaillard n'avait presque rien ailleurs. J'ai ordonné qu'on lui enroule sa petite trique avec du fil de chanvre très fin, directement sur les chairs, mais pas trop serré, puis j'ai fait venir une de nos copines pour un numéro de strip-tease. Le visage n'était pas à la hauteur mais elle avait un corps terriblement excitant et elle dansait si bien que nous l'avons tous acclamée à grands cris. Le pauvre Fei Zhu n'avait pas encore bien compris ce qui arrivait ; il s'imaginait que j'allais le laisser profiter du spectacle. Quand il a compris, il s'est empressé de fermer les yeux mais il était déjà trop tard : il ne pouvait plus rien faire pour empêcher son membre d'enfler et le fil de chanvre de serrer et mordre dans ses chairs. La douleur était atroce, c'était plus que ne pouvait en supporter même un gaillard dur comme lui. La fille était très coopérative ; après s'être complètement dénudée (elle n'avait d'ailleurs pas grand-chose sur elle au départ) et sans cesser de se coller à lui, elle l'a caressé sans relâche à l'endroit critique. Fei Zhu serrait les dents, il n'en pouvait plus, dégoulinant de sueurs froides. Il se redressa un instant puis ouvrit grand la bouche :

– Je vais parler, je vais parler, vous voulez bien ?

Sa voix tremblait. Les mouvements de la fille nous avaient mis le feu au corps et je voyais bien que tous les hommes présents dans la salle avaient une folle envie de la violer à tour de rôle mais honneur au plus méritant : seul Gong Jianzhang a eu le droit d'en profiter. Non sans mal, le membre de Fei Zhu avait fini par se ramollir ; il me regardait, hébété et apeuré. Quelqu'un a voulu le fouler aux pieds, j'ai levé le bras pour l'en empêcher.

Jie Xiaodong s'était enfui à Nanning, trois autres avaient filé à Canton commettre quelques exactions, deux autres étaient repartis se cacher au pays et un certain Dou Ji était encore en ville.

– Comment communiquez-vous ?

– On ne communique plus, on s'est mis d'accord pour se retrouver dans un an.

– Tu as leurs adresses ?

– Pas toutes.

– Donne-nous celles que tu connais.

J'ai demandé à ce qu'on m'apporte du papier et un crayon et j'ai tout noté en lui faisant vérifier.

– Tu peux t'en aller, je ne te raccompagne pas.

Trempé de sueur, Fei Zhu s'est agenouillé :

– Grand frère Long, si tu me laisses la vie sauve, c'est bien volontiers que je te suivrai et que je me ferai tuer pour toi.

Il reniflait et pleurait à la fois. Je l'aurais presque plaint si je ne l'avais pas méprisé et haï autant.

– Vais-je te libérer ? Gros cochon stupide.

Une idée machiavélique m'a inspiré un sourire. J'ai chargé quelques hommes de le faire taire et de le traîner dehors.

Les opérations de chasse à l'homme se déroulèrent pratiquement sans problèmes. Dou Ji fut retrouvé l'après-midi même. Trois jours plus tard, les deux salauds qui s'étaient réfugiés au pays furent ramenés *manu militari*, l'un d'eux était à moitié demeuré; succomber ainsi sous les coups d'individus de cette trempe après toute une vie de bravoure, Hu Tou pouvait difficilement reposer en paix… Tous furent mis à mort, transpercés de plusieurs coups de poignard. Le lendemain, après s'être débarrassé des cadavres, Gong Jianzhang a pris trois hommes avec lui et, munis des photos des types à abattre et des numéros de téléphone où les joindre, ils sont montés dans un train en partance pour Canton. En situation de guérilla, il s'agit vraiment de ne pas être trop délicat; ces quatre-là étaient les plus énergiques et les plus impitoyables; une fois prêts, ils fonçaient et pas question de rentrer les mains vides. J'avais tout d'abord projeté de me rendre personnellement à Nanning mais, après mûre réflexion, j'ai chargé quelqu'un d'aller chez le dénommé Jie pour s'emparer de son neveu; s'il voulait qu'on le lui rende, il n'avait qu'à venir le réclamer lui-même. Je ne suis pas intervenu dans l'enlèvement par crainte de me retrouver face à la mère du gosse, éplorée. J'admets que c'est lâche et abject mais je n'avais pas le choix tant j'avais hâte de mener à son terme ma vengeance au nom de Hu Tou.

Pendant une semaine entière, je me suis battu à la vie à la mort contre ce fameux Jie dans mes rêves. Sa vue m'insupportait au point que je le frappais férocement à l'endroit le plus sensible. C'était raide et plus dur que de l'acier, j'en avais mal aux mains. Je finissais par le lui trancher d'un coup de couteau, le sang jaillissait de deux orifices et m'éclaboussait. Le bougre n'était toujours pas mort ; il se relevait et continuait à cogner avec plus de vigueur encore ; le découragement me gagnait. C'était au bord d'un précipice ; acculé pas après pas à la limite du surplomb, je me trouvais dans une position périlleuse, risquant de dégringoler et d'être réduit en miettes au fond du ravin. C'est alors que Hu Tou apparaissait : l'ami Hu Tou arrivait toujours au moment critique. Il tenait en main un gros marteau de fer dont il assénait un bon coup sur le crâne du dénommé Jie qui explosait en l'air. En tournoyant sur lui-même, son cadavre s'enfonçait dans les profondeurs du ravin dont un épais brouillard nous empêchait de voir le fond. Je me retournais alors pour parler à Hu Tou mais je ne savais pas si je devais ou non. Il souriait et je ne lui avais jamais vu un sourire aussi mélancolique. Ce n'était pas le sien et c'est pourtant celui qu'il arborait ; ensuite, il ne m'adressait plus un seul regard et s'approchait pas à pas du précipice pour venir à côté de moi, la tête tournée dans la direction opposée. Je le sentais me serrer la main quand, subitement, une idée me venait à l'esprit ; je me retournais pour lui en faire part mais il venait de sauter dans le vide et chutait inexorablement avant de crever les couches de l'épais brouillard gris en bas. Je le voyais devenir de plus en plus minuscule et j'avais envie de pleurer mais je restais sans larmes. Su Li était à mes côtés ; je ne sais pas à quel moment elle était arrivée. Elle me caressait doucement le dos ; il y avait une immense tendresse dans son regard. Je me retournais, la prenais dans mes bras et la serrais jusqu'à lui couper le souffle, par crainte qu'elle ne tombe elle aussi et ne soit engloutie dans les profondeurs invisibles de l'abîme. C'est sur cette étreinte que je me suis réveillé. Je distinguais l'expression de son regard malgré l'obscurité, on eût dit un agneau. J'avais déjà vu cet agneau le jour où, sur le tertre funéraire de Grand-Mère, elle s'était retrouvée cernée par une meute de chiens hargneux : je n'oublierai jamais le regard suppliant avec lequel elle m'avait demandé secours. C'est cet agneau que je tenais serré à présent et que j'allais faire jouir et rendre fou de joie.

Une semaine plus tard, Jie Xiaodong et moi étions assis face à face. Pour inquiets qu'étaient mes hommes, ils avaient dû obéir et aller monter la garde à l'extérieur, nous laissant seul à seul dans la pièce.

Je l'ai regardé attentivement ; il n'avait pas changé : grand nez, petits yeux, tenue sobre ; le seul trait marquant chez lui était sa mâchoire inférieure, extrêmement volontaire, comme taillée à la serpe.

– Il a été relâché.

– Merci beaucoup.

– C'est moi qui dois te remercier d'être accouru de si loin, tu m'as fait gagner un temps fou.

– Comment pouvais-tu être sûr que j'allais revenir ?

– C'est très simple : comme tu es prêt à sacrifier ta vie pour te venger, tu n'allais pas laisser périr ton neveu sans intervenir.

– Tu as vu juste mais je dois dire que ta ruse est proprement immonde.

– Et toi alors, tu n'es pas immonde ? La mort atroce de Hu Tou, ça ne peut être que toi, non ?

– Il a massacré tellement de mes hommes, comment faire autrement ?

– Alors tu dois payer de ta vie.

– Très bien, très bien.

Jie Xiaodong semblait avoir renoncé à discuter.

– Selon nos règles, je dois payer : une vie pour une vie. Aucune objection. Je suis d'accord.

– Et même si tu n'étais pas d'accord, ça ne changerait rien, mon vieux.

– Je sais que je ne réussirai pas à y échapper, et je n'en ai aucune envie, je suis trop fatigué.

– Arrête avec ce pessimisme pathétique. À mourir pour mourir, tu dois le faire avec un peu plus d'enthousiasme.

– Je ne suis pas pessimiste, tu comprendras plus tard : avec le métier que nous faisons, nous devons nous attendre tôt ou tard à devoir nous arrêter alors autant être abattu plutôt que de se voir réduit à l'inaction.

– Je regrette mais je ne resterai jamais assis là à attendre qu'on vienne me régler mon compte. Si je devais renoncer à l'action, je prendrais quelques hommes pour assurer ma protection.

– Ce serait sans doute possible. Cela dit, les gens comme toi ne sont pas légion, tu étais fait pour ce boulot-là.

Il est demeuré un instant silencieux avant d'ajouter :

– Quoi qu'il en soit, dans ce milieu, il faut penser à décrocher un jour, et là ça devient très difficile.

Le bougre parlait juste. J'étais loin de m'imaginer qu'il soit capable de discuter de sujets aussi profonds. Dommage.

– Tu l'as dit toi-même : les aventuriers comme nous ne sont pas maîtres de leur destin, il ne faudra pas m'en vouloir.

– Je ne t'en voudrai pas, ni à toi ni à qui que ce soit. Tout cela, je l'ai voulu et choisi.

– Tes propos témoignent d'un esprit profond. Pourquoi n'as-tu pas fait d'études autrefois ?

– Je n'avais pas les moyens. Et puis, j'habitais dans un coin paumé ; autour de moi, il n'y avait que des paumés ; pas besoin d'avoir étudié pour bien s'entendre avec eux.

– Alors ce n'était pas un choix de ta part, le milieu y a été pour quelque chose aussi.

– Puis-je en vouloir au milieu ?

– Pourquoi pas ? Le monde où nous vivons est tellement injuste, irrationnel et pervers qu'il ne nous laisse même pas la possibilité de devenir meilleurs.

– Il y a trop d'injustices, on ne peut pas s'occuper de toutes.

– En supprimer une, c'est déjà cela et ne pas se venger, c'est manquer de cran.

– Toi, je sais que tu as du cran. La première fois que je t'ai vu, je savais que tu deviendrais quelqu'un.

– Dans notre milieu, qui peut savoir ? Il n'y a rien qui résiste, personne ne résiste.

– Toi, tu t'en es bien sorti.

– Tu ne dis pas ça pour me porter malheur ?

– Tu n'es pas quelqu'un d'ordinaire.

– Ah bon, alors quel genre d'homme suis-je selon toi ?

– La première fois que je t'ai vu, j'ai pensé qu'en toi brûlait un immense brasier qui allait te pousser à accomplir des choses extraordinaires.

– Je vois très bien ce que tu veux dire. Mon vieux Jie, je suis vraiment navré, nous aurions pu être amis mais maintenant, je suis forcé de te supprimer.

– Une vie pour une vie, je ne discute pas le principe. Mais la vie de Hu Tou semble avoir été évaluée à un prix extrêmement élevé pour qu'il te faille huit destinées en contrepartie.

Je l'ai regardé droit dans les yeux :

– Voilà pourquoi j'affirme que tu as fait le malheur de tous ceux qui t'ont suivi dans cette histoire.

Le vieux Jie, ravagé par la douleur, n'a pas répondu.

– Y a-t-il encore quelque chose que tu aurais voulu faire ? Je m'en chargerai à ta place.

– Merci bien. Tout ce que je devais faire, je l'ai fait. Il ne faut pas laisser de dettes derrière soi.

Je me suis levé, incapable de rester assis plus longtemps en face de lui. Il a souri, les muscles de son visage avaient commencé à se rigidifier, la lueur dans ses yeux s'était soudain ternie et son regard s'était vidé de toute expression. Je suis resté là un bon moment, comme engourdi, sans pouvoir dire vraiment quel goût je trouvais à tout cela.

Après avoir bu le sang de poulet, je suis devenu le plus jeune chef placé à la tête des bandes de Wang Yichuan.

Mon groupe avait pour tâche de se battre, de tuer et de maintenir l'ordre d'une main de fer ; il n'aurait pas dû s'appeler « Maison du Tigre blanc » mais bien plutôt « Maison des Pognes qui cognent » et moi, j'étais le chef de cette armée de cogneurs. Ce n'était pas là l'important, j'aurais pu tout aussi bien continuer à galérer ; les boulots où l'on fait cavalier seul pour s'engouffrer dans la tanière du tigre me fascinaient. Pour galvaniser les troupes et pousser un type à se bagarrer comme un beau diable il n'y a rien qui puisse égaler l'intense excitation qu'il procurent. Cela étant, je me suis efforcé de coordonner les tâches au sein de ma « Maison ». Du vivant de Hu Tou, la notion de suprématie n'existait pas entre les membres du groupe ; ils agissaient d'un seul homme. À l'évidence, c'était une façon d'aller au plus simple et d'éviter les embarras mais, en l'absence de hiérarchie, les gars n'avaient aucun espoir de promotion. Lors de ma précédente chasse à l'homme, j'avais organisé mes troupes en trois équipes ; cette fois, j'avais légèrement modifié le dispositif en constituant quatre pelotons : Gong Jianzhuang, Bian Mao et Jin Laosi avaient chacun le leur, le dernier étant mon armée personnelle ; c'étaient les meilleurs de ma « Maison », ceux que j'avais moi-même cooptés. J'avais, en outre, décidé qu'à l'exception de ma garde personnelle chacun des trois autres pelotons devraient réélire leur chef une fois par an ; ceux qui, cette année-là, n'obtiendraient pas de résultats seraient relevés de leur fonction sans exception. Sous le chef de peloton se trouvait un sous-chef, proposé par le chef dont je ratifiais ensuite le choix. Dès sa mise en place, ce système avait eu des répercussions dans la bande de Wang Yichuan ; il avait ordonné aux autres « Maisons » d'adopter le même fonctionnement. Son mot d'ordre disait, en substance, que nous vivions à présent dans une société de progrès où tout le monde devait avoir le sens de la gestion d'entreprise car c'était le seul moyen de faire fructifier les affaires. Wang Yichuan avait indiscutablement quelque chose dans la cervelle ; j'appris qu'il était d'ailleurs sur le point d'être élu délégué régional à l'Assemblée populaire nationale.

– Député à l'Assemblée populaire nationale ?

Su Li avait cru que je plaisantais.

– Je t'assure. Je dois même l'aider à faire campagne.

– Il n'y aurait pas erreur ? Lui, gourou d'une société secrète, pourquoi les gens voteraient-ils pour lui ?

– Il ne laisse rien au hasard. S'il se présente aux élections, c'est qu'il a par ailleurs une fonction honorable. Déclarer ouvertement qu'il est chef de bande lui vaudrait d'être expédié en prison.

– Quelle fonction honorable exerce-t-il ?

J'ai sorti une carte de visite et je l'ai tendue à Su Li :

– Prends ça, il y a des choses qui peuvent parfois servir de talisman et te sauver la vie.

Ma carte de visite avait plus d'allure que celle d'un dirigeant de province. Les titres mentionnés en haut étaient : *Président du conseil d'administration de la Société à responsabilité limitée d'exploitation du Grand*

Fleuve, membre du comité pour le bien-être social des quartiers est de l'Orient des Heureux Présages, membre de la commission chargée de la gestion de l'ordre public des quartiers est de l'Orient des Heureux Présages.* Su Li a pouffé de rire.

– Dis donc, ton chef a réellement constitué de vraies sociétés ?

– Peu importe qu'elles soient réelles ou fictives ; ce qui constitue pour nous le gang du Grand Fleuve prend le nom de « Société » pour la galerie.

– Ton chef doit vraiment être un type à la page.

– Comment ça, à la page ? C'est quelqu'un qui réfléchit et qui veut moderniser la gestion du gang.

– Les sociétés secrètes ont-elles aussi besoin de se moderniser ?

– Bien sûr. Le gouvernement n'a-t-il pas donné l'ordre de réaliser les Quatre Modernisations** ? Nous, nous en sommes à la cinquième***.

– Vous faites quoi ?

– Plein de choses, je ne peux pas t'expliquer. Quoiqu'il en soit, ce mois-ci, tous ceux de mon grade ont reçu chacun un téléphone portable.

* Wang Yichuan, le patron de Chu Xiaolong, signifie littéralement « le roi du grand fleuve », d'où le nom de la société-écran.

** Mot d'ordre lancé par Hua Guofeng en 1977 pour faire de la Chine une « puissance moderne, socialiste et industrielle » et repris ensuite par Deng Xiaoping.

*** La Cinquième Modernisation était la démocratisation du pouvoir réclamée par Wei Jinsheng et les différents mouvements démocrates et libéraux en décembre 1978.

Su Li a ouvert des yeux ronds :

– C'est vrai ? Tu parles d'une société secrète, c'est purement et simplement comme si tu travaillais dans un bureau, un point, c'est tout.

– Et quand bien même : est-ce nécessairement une déchéance ? Où vont ceux qui sont plus intelligents que nous, à ton avis ? Le hasard a toutefois bien fait les choses.

Elle a approuvé, puis elle est restée un moment sans rien dire avant de relever les yeux :

– Grand frère Long, il y a une chose dont j'aurais envie.

– Dis toujours.

– J'aurais envie d'ouvrir une boutique de vêtements.

Elle rayonnait de joie.

– J'adorerais vendre des vêtements.

– Vendre des vêtements ? Avec toutes les boutiques de jeux vidéo de la rive est et les bordels de la rive ouest, qui viendra t'acheter des vêtements ?

– J'ouvrirai mon magasin ailleurs.

– Ailleurs, je ne suis pas d'accord, je ne serais pas tranquille.

– Je ne suis quand même plus une enfant, a-t-elle répliqué en posant ses baguettes et en faisant la moue.

Ce que je craignais le plus au monde, c'était de la contrarier mais je ne pouvais pas me montrer faible à ce point :

– Je vais y réfléchir mais ce soir je voudrais que tu joues à l'infirmière.

– Tout ce que tu voudras, m'a-t-elle répondu tout miel.

Recueillir des voix était une activité on ne peut plus ennuyeuse quoique très facile : on donnait de l'argent ou de la viande selon les desiderata et, pour ceux qui ne voulaient rien entendre, il ne nous restait plus qu'à jouer du couteau. Après avoir accompagné Wang Yichuan distribuer ses richesses par deux fois, j'en ai eu assez :

– Chef, pour ce qui est de jouer du couteau, je suis là mais je ne veux plus venir distribuer des sous avec vous.

Wang Yichuan n'en a pas perdu le sourire pour autant, il m'a juste dit d'une voix rauque :

– Il y a quelqu'un que je voudrais te charger personnellement de mettre au pas.

Je n'ai pas répliqué mais je devinais qu'il ne faisait pas bon provoquer l'individu en question.

– Lu Dayou, en as-tu entendu parler ? C'est le directeur adjoint de l'Assemblée populaire nationale. Ce vieux croulant s'accroche obstinément à son poste et m'empêche d'y accéder. Il doit avoir quelque chose en travers de la gorge mais je ne sais pas quoi.

– Tu n'as pas couché avec la fille du président de l'Assemblée ? Comment lui, simple directeur adjoint, oserait-il se comporter de la sorte avec toi ?

– Tu ne peux pas comprendre. Le vieux jouit d'un énorme prestige et s'il s'accroche, ma candidature ne passera pas.

– Je vais le calmer.

– Ce type ne comprend ni la force ni les bonnes paroles ; tu vas devoir actionner tes méninges.

Cinquante-trois ans, retraité de l'armée avec le grade de sous-officier, Lu Dayou avait combattu au Vietnam où il avait obtenu une citation de troisième classe pour exploit. Quand j'ai appris tout cela, j'en ai eu froid dans le dos. Quelle valeur pouvait avoir l'existence aux yeux de celui qui avait roulé sa bosse sur les champs de bataille et y avait, de surcroît, accompli de hauts faits. Depuis toujours, j'idolâtrais ce genre de personnage et voilà qu'on m'envoyait chercher des noises à une idole. Pour la première fois, j'étais salement inquiet.

Je pensais que les autorités locales auraient pris des mesures de précaution draconiennes ; jamais je n'aurais cru qu'en me présentant à l'entrée avec panache et assurance je n'aurais même pas à subir d'interrogatoire – peut-être était-ce la marque de mon complet qui les a induits en erreur et leur a laissé croire qu'ils avaient à faire au vénérable fils d'un quelconque dirigeant. Et puis merde, si mon père n'était pas mort, cela aurait pu être la vérité. En pensant à la mort de mes parents, j'avais le sang qui bouillait dans mes veines, le cerveau qui se dilatait et le cœur qui battait à tout rompre et il me fallait trouver un moyen pour évacuer un tant soit peu ma colère sans quoi elle allait me terrasser. J'ai sauté en l'air pour décrocher une feuille à un arbre. Pas mal du tout, je n'avais rien perdu de ma puissance de saut ni de ma précision ; j'avais décroché exactement la feuille que j'avais visée. Ainsi soulagé et le cœur un peu plus léger, je me suis appliqué à enregistrer la topographie des lieux. Je procédais comme lorsque je devais réciter un texte à l'école ; évidemment, l'opération nécessitait, en plus, un bon sens de l'orientation. Je cherchais toujours l'immeuble le plus élevé du coin et j'en faisais le centre de la carte que je me dessinais mentalement pour repérer les quatre points cardinaux. En fait, il arrivait qu'il ne soit pas vraiment au centre, ce qui pouvait m'amener à décaler le nord et le sud. Mais c'était sans importance, il suffisait que ce soit le point le plus haut et qu'on puisse le repérer de n'importe où. Si j'étais perdu, je n'avais qu'à lever les yeux et décider de la direction que je devais prendre, la rue par laquelle je devais attaquer ou le chemin à emprunter pour me replier. J'avais conçu ce procédé tout seul et, dans la pratique, il s'était révélé bougrement efficace. Je crois bien que si j'étais rentré dans l'armée, moi aussi j'aurais sûrement eu une citation de troisième ordre et, avec un peu de chance, j'aurais même pu devenir général. Il faut savoir qu'à part devenir écrivain mon vœu le plus cher eût été d'être général et d'en imposer par mon allure martiale.

Bâtiment six, porte quatre : c'était là, juste devant moi. J'ai aperçu, sur le balcon du deuxième étage de gauche, un petit garçon qui s'amusait le nez en l'air. Il tenait dans sa main droite un ballon rouge qui se balançait au vent ; sa tête remuait sans arrêt et ressemblait précisément à un ballon. Je l'ai observé un certain temps : il s'agissait probablement du petit-fils chéri de Lu Dayou et l'idée de recourir à mes anciens expédients a bien dû m'effleurer à un moment ou à un autre.

À force de monter et de redescendre, le ballon s'est détaché et le petit a tendu la main pour le rattraper; juché sur un tabouret, il s'est penché et s'est retrouvé en équilibre sur la rambarde du balcon. Un cri aigu de femme a retenti instantanément puis a redoublé mais il n'a pas suffi à stopper le gamin dans son élan et à l'empêcher de se pencher plus avant. Le gosse n'avait qu'une seule idée en tête: récupérer son ballon. Parfaitement inconscient du danger, il a été entraîné dans une chute irrémédiable. Étonnamment, il s'est vraiment hissé vers son ballon et l'a rattrapé. Au-dessus de ma tête, des hurlements ont déferlé par vagues successives. J'ai fait un pas en avant et je me suis arrêté, aussi stable qu'un pieu. Le choc provoqué par un gamin qui dégringole du deuxième étage a suffisamment de puissance pour mettre un cheval K.O. Il a commencé par plonger la tête la première mais, par bonheur, s'est retourné dans le vide et a changé de position, dos vers le bas. En le récupérant, mes deux mains ont amorti la chute. Il n'empêche, je n'étais pas très content de moi car j'avais manqué perdre l'équilibre.

Un fracas énorme a résonné dans la cage d'escalier, à la manière du tonnerre. Curieusement, le premier sorti fut un homme assez âgé, à la forte carrure, tigre et ours à la fois, aux cheveux coupés en brosse, qui me rappelait vaguement quelqu'un. À coup sûr, c'était Lu Dayou. Il est allé encore plus vite que le petit. J'ai lâché le garçon, me suis précipité à sa rencontre et je lui ai souri, non pas pour la forme, non, ce sourire venait du cœur – il faut dire que cet homme forçait le respect. L'enfant ne s'était pas fait mal et ne pleurait même pas ; il se mordait les lèvres, sans mot dire. Lu Dayou s'est jeté sur lui, puis il m'a saisi la main et s'est mis à la secouer très fort.

– Merci, merci mille fois, je vous suis infiniment reconnaissant.

– Il n'y a pas de quoi, c'est tout à fait normal, le principal c'est qu'il ne soit rien arrivé de grave.

Et j'ai fait mine de vouloir m'en aller. La panique se lisait sur son visage :

– Avez-vous une obligation ? Montez donc chez nous, montez.

Ses mains, telles une paire de tenailles, s'agrippèrent à moi pour me retenir. Il se dégageait de lui une cordialité si chaleureuse qu'il semblait pouvoir tout faire fondre comme le feu ardent d'une forge. J'ai suivi ce vieux combattant dans l'immeuble, oubliant quasiment que j'étais venu m'occuper de lui.

Son appartement comportait quatre pièces, trois chambres et un salon. Je n'oserais pas vraiment qualifier le mobilier de miteux mais il n'était à l'évidence pas digne de son rang de propriétaire. Avec Wang Yichuan, par deux fois, il m'était arrivé d'aller au domicile de dirigeants qui n'avaient que le grade de sous-chef de bureau et qui pourtant s'étaient fait construire d'énormes villas individuelles : à l'intérieur, on eût dit des hôtels de grand luxe ; je me demande d'où ils sortaient autant d'argent, nom d'un chien. Je n'en avais que plus de respect pour le vieux militaire mais, en même temps, je comprenais pourquoi je risquais de culpabiliser : tuer quelqu'un de malfaisant, c'est, la plupart du temps, se substituer au destin, et même si cela te fait mal au ventre, il n'y a rien là qui puisse encombrer ta conscience, mais supprimer un fonctionnaire intègre, c'est une autre histoire. Le chef avait beau être une canaille, il savait bien qu'on ne devait pas s'en prendre à un dirigeant honnête. Assis sur le canapé, je ne savais trop quoi dire ; alors, après avoir siroté une gorgée de thé d'un air affecté, j'ai levé les yeux et je me suis mis à contempler le mur en face de moi, sur lequel n'était suspendu aucun de ces rouleaux de peinture à la mode ni aucun tableau pompeux mais simplement la photo d'un de nos dirigeants. J'ai tout d'abord cru que c'était celle de Mao mais, en regardant plus attentivement, j'ai reconnu notre grand général Peng. J'ai fini par comprendre à qui ressemblait Lu Dayou. C'était surtout ses lèvres et son menton, une ressemblance frappante, comme coulés dans l'acier. Je connaissais ce genre d'homme, rien ne le ferait jamais changer d'avis, une fois qu'il avait pris une décision, même neuf bœufs ne seraient pas arrivés à le faire revenir en arrière. À l'époque, le Grand Timonier n'avait pas réussi à empêcher Peng De d'écrire ce qu'il avait sur le cœur et de l'insulter en pleine assemblée ; or voilà qu'on attendait du simple chef de bande que j'étais de pousser dans ses retranchements un vieux révolutionnaire de la trempe de Lu Dayou ? Au fond de moi, j'étais aux cent coups mais je n'en ai rien laissé paraître. Lu Dayou n'avait rien d'un m'as-tu-vu, il discutait avec moi très simplement.

– Les jeunes gens comme vous sont rares de nos jours.

J'ai eu beaucoup de mal à ne pas rougir.

– Vous avez appris à combattre ?

J'ai acquiescé.

– Je l'ai vu tout de suite, moi aussi j'ai appris quand j'étais dans l'armée.

– Que faisiez-vous dans l'armée ?

– J'étais éclaireur.

– C'était pendant la guerre au Vietnam, n'est-ce pas ?

Le vieux était content :

– Et, en plus, tu comprends vite. Il y a longtemps que les gens de maintenant ont oublié.

J'avais tellement envie de lui faire plaisir que je lui ai ressorti une à une les belles phrases que j'avais glanées à la télé :

– Celui qui boit l'eau n'oublie jamais ceux qui ont creusé le puits auquel il s'abreuve. Si nous parvenons à vivre correctement aujourd'hui, c'est à vous que nous le devons, à vous qui avez sué sang et eau pour nous.

Il s'est rembruni :

– Ils ont été beaucoup trop à verser du sang et de la sueur ; maintenant on les a oubliés.

– Comment pourrait-on les oublier ? Moi, je leur en suis infiniment reconnaissant et je les respecte.

– Le respect, la reconnaissance, ce ne sont que des mots ; on n'a d'yeux que pour les haut placés et les richards.

– Ce n'est pas si sûr. Moi qui n'ai pas beaucoup de considération pour ce genre de personnages, je préférerais servir quelqu'un comme vous qui agit bel et bien.

Il m'a scruté un moment en plissant les yeux, puis il a esquissé un léger sourire. Un instant, j'ai eu une étrange sensation : j'imaginais que mon père devait avoir exactement cet air-là.

Lu Dayou buvait dans un bol de porcelaine qui, malgré son aspect rustique, semblait être un ustensile authentique capable de contenir au moins un quart de litre d'alcool. C'était un objet devenu très rare de nos jours, tout comme son propriétaire d'ailleurs. Suivant son exemple, je me suis laissé entraîner à boire de grandes rasades ; je pus constater, au passage, que ma résistance à l'alcool élargissait notablement mes horizons. Seulement, ce vin que toute la famille m'offrait, chacun à tour de rôle, n'avait servi à rien : à aucun moment je n'avais oublié la raison pour laquelle j'étais venu jusqu'ici. Le gamin prénommé Wang Wang, Prospère, était assis en face de moi et me regardait avec des yeux ronds. C'était un enfant d'une sensibilité toute particulière ; se doutait-il de quelque chose ? Pour tout dire, je m'attendais à ce que, d'un moment à l'autre, il se lève et me désigne du doigt en hurlant : « Grand-Père, c'est un méchant ! » Je n'osais plus poser mes yeux sur lui, me contentant de sourire autant que possible et de ne m'adresser qu'à Liu Dayou.

– Petit Chu, tu es un garçon extrêmement loyal à ce que je vois. Notre patrie manque aujourd'hui de jeunes gens comme toi.

Si seulement j'avais pu creuser un trou sous la table et m'y réfugier… Incapable d'approuver, de le contredire ni même de lui sourire plus largement, il ne me restait plus qu'à lever mon verre et l'inviter à boire de nouveau.

Après avoir ingurgité deux verres d'alcool supplémentaires, Lu Dayou avait perdu sa prestance de sous-officier : j'avais, assis à côté de moi, un vieux soldat désinhibé qui discourait à n'en plus finir.

– Dans la société actuelle, la probité fait cruellement défaut et la corruption s'étale en toute impunité. Si on tombe sur un voleur dans la rue, les passants, en dépit de leur nombre, ne se donnent pas la peine de le prendre en chasse. C'est à se demander ce que les gens ont fait de leur force de caractère et de leur moralité.

Cette dernière phrase m'allait droit au cœur.

– C'est vrai, voilà comment on traite les lois dans notre pays. Où sont donc passés les chantres de la justice ?

– Les lois ne servent qu'à effrayer le petit peuple. Les nôtres ont été élaborées à la va-vite et appliquées au compte-goutte ; comme aurait dit le président Mao, ce sont des tigres de papier.

– Les gens de votre génération sont encore profondément attachés au président Mao.

– Qui d'autre au monde s'est battu pour nous ? Seul le président Mao nous a aidés. C'était une personnalité dotée des plus hautes qualités morales et d'une audace sans pareille. S'il voyait cette race de sous-hommes aujourd'hui, je suis sûr qu'il en mourrait de honte. Hélas, les hommes de la vieille génération sont tous partis, il ne reste plus que de rares bons à rien comme nous qui sont épouvantés quand ils regardent la réalité du monde.

– Vieux Lu !

La voix chaleureuse d'un ami l'avait appelé. Lu Dayou a pris un air indigné :

– On ne peut plus parler tranquillement ?

Son regard avait la majesté du tigre descendant de sa montagne et la tablée n'a plus osé émettre le moindre son.

– Allez, Petit Chu, à la tienne.

Constatant que sa bru gardait le silence alors qu'elle brûlait d'envie de parler, c'est moi qui lui ai conseillé :

– Oncle Lu, encore un verre et puis ça suffit.

– Pas question. Quand je bois, je veux boire tout mon soûl.

Il m'a foudroyé du regard au point de me déstabiliser.

– Allez, bois donc, bois jusqu'à ce que les gens volent autour de toi et puis redescendent, bois jusqu'à ce que tes ennuis t'indiffèrent.

À la fin, Lu Dayou ne pouvait plus se mettre debout ; à moitié affalé sur le canapé, il s'est délié la langue :

– Petit Chu, si tu as le temps, viens aussi souvent que tu pourras prendre un peu de bon temps avec moi.

J'ai soudain ressenti une sorte de tristesse amère à la vue de ce colosse étalé de tout son long. Le vin n'avait pas engourdi ma sensibilité comme j'aurais pu l'espérer et je n'en étais que plus accablé encore. J'ai refusé catégoriquement que son fils me raccompagne en bas de l'immeuble ; j'avais besoin de marcher seul.

La lune était claire et le vent vif, les arbres qui bordaient la rue faisaient écran entre la rumeur ambiante et moi. J'ai enfoncé mes mains dans les poches de mon pantalon et, tête baissée, j'ai avancé à pas lents. À vrai dire, je ne pensais à rien ; beaucoup de questions seraient restées sans réponse quand bien même je m'y serais essayé ; la meilleure solution était donc de ne pas penser du tout. Plus détendu, je marchais sous la lune et à l'ombre des arbres sans la moindre envie d'en ressortir, souhaitant seulement rester à jamais dans ce havre de paix. J'ai eu beau m'attarder, j'ai quand même fini par me retrouver sur l'avenue. Je suis resté planté là, aussi rigide qu'un morceau de bois. Un camion noir est arrivé en trombe, brassant une bouffée d'air à son passage. Une inspiration soudaine m'a éclairci les idées sans toutefois m'ôter la colère que j'avais dans le cœur…

Le lendemain après-midi, j'ai entraîné deux acolytes pour ma tournée d'inspection sur l'avenue de l'Ouest. Ce faisant, je continuais à chercher une solution pour arranger les choses avec Lu Dayou, mon cerveau n'était pas loin d'exploser.

– Chu Xiaolong !

Deux agents de la Sécurité publique arrivaient à ma rencontre en se déhanchant.

Quelle bande d'emmerdeurs. Je les ai maudits intérieurement tout en affichant un visage réjoui et avenant :

– Quelle escorte… Il ne fallait pas vous donner la peine de sortir par une telle chaleur.

– C'est la merde, on n'a pas eu de chance, on a perdu gros alors on est ressortis faire un tour.

– Quand on n'a pas de chance, il faut s'accrocher et relancer le jeu ; vous êtes mes invités.

Leurs yeux se sont mis à briller. L'un des deux a protesté :

– J'ai peur que ce ne soit pas une très bonne idée d'y aller en plein jour.

– Comment ça ? Vous êtes venus faire une descente, c'est votre boulot et ces demoiselles n'ont même pas eu le temps de vous souhaiter la bienvenue.

– C'est ça, on est venus faire une descente.

Tous deux riaient à gorge déployée. J'ai demandé à l'un de mes sbires de les accompagner car j'avais hâte qu'ils disparaissent de ma vue. L'uniforme leur conférait quelque prestance mais ces deux énergumènes étaient plus pourris que les plus pourris d'entre nous. C'est ainsi : dans ce milieu, nous avions besoin d'eux pour couvrir nos activités mais il nous fallait bien leur donner quelques os à ronger. Ils jouissaient d'une grande indépendance d'action et pouvaient laisser libre cours à leur initiative personnelle. Notre rôle se limitait à obtenir leurs bonnes grâces, nous étions du même coup à leur merci, situation pour le moins inconfortable. Un changement s'imposait, il me faudrait en toucher deux mots à Wang Yichuan ; lui seul pourrait trouver une idée suffisamment machiavélique.

Mon téléphone portable a sonné. Aussitôt dit, aussitôt fait : j'étais en train de penser à Wang Yichuan et c'était lui justement qui m'appelait. Je devais me rendre au restaurant Dafuhao pour le déjeuner. C'était juste en face, rue Tongqing. J'ai salué mon jeune partenaire et j'y suis allé.

Fait inhabituel : il était seul dans la salle qu'il avait réservée. Il m'a regardé et m'a seulement fait signe d'entrer. À vrai dire, il était toujours plus rassurant de le voir peu disert ; quand il riait, en revanche, il devenait inquiétant. Si, par hasard, il se mettait à rire, tu pouvais être presque sûr qu'il était arrivé malheur à quelqu'un.

– Lu Dayou est mort.

Je n'étais pas encore assis que la nouvelle m'est tombée dessus ; je suis resté un moment pétrifié à regarder Wang Yichuan, incapable de reprendre mes esprits.

– Hier soir à onze heures, une hémorragie cérébrale.

Je n'ai pas soufflé mot, me contentant d'un signe de la tête, mais je venais de comprendre ce qui avait dû arriver. Dans le regard que Wang Yichuan m'avait adressé, on pouvait voir poindre un semblant de sourire. Il s'imaginait que j'avais eu recours à une ruse quelconque. Laissons-le donc y croire ; j'étais trop énervé et trop inquiet pour avoir envie de m'en expliquer.

En plat principal, nous avons eu une tortue et, comme alcool, du Nectar des Cinq Céréales, un déjeuner très raffiné. J'allais remplir nos coupes mais Wang Yichan m'a devancé :

– Petit Dragon, c'est à moi de nous verser à boire, j'y tiens absolument.

Je n'avais pas d'autre solution que d'accepter. J'avais levé mon verre :

– Grand Frère, je porte un toast à ta santé.

Nous avons fait *gan bei*. Baguettes en main, il a commencé à manger en discutant tranquillement. De mon côté, j'étais vraiment mal à l'aise. Même ses propos les plus anodins dégageaient une force invisible qui inspirait le respect et la crainte. Il existait d'autres chefs de gangs comme lui mais il était le seul à posséder un tel tempérament.

– Petit Long, maintenant que tu as intégré le gang, est-ce que tu as une idée de la façon dont on pourrait s'améliorer et aller plus loin ?

Dans un premier temps, j'ai jugé bon de m'abstenir, mais je me suis ravisé : Wang Yichuan détestait pardessus tout que ses subordonnés jouent les modestes, alors je me suis lancé.

– Puisque mon chef m'y invite, je vais lui donner mon avis. Nous devrions, dans la mesure du possible, nous lancer dans les affaires, un commerce licite ; c'est le seul moyen pour durer. Le moins de bagarres et d'exécutions possible. Il faudra aussi s'affranchir des crimes du passé et faire peau neuve pour acquérir une réputation d'honnêteté dans nos nouvelles activités. N'ayant plus de prise sur nous, la Sécurité publique qui nous réclame à grands cris de l'argent et des filles ne sera plus si arrogante.

– Eux, ils me tapent vraiment sur les nerfs.

– Chef, vous devez trouver le moyen de les mettre au pas.

– Je vois bien un moyen mais il faut agir discrètement.

– De ce côté-là, n'ayez crainte…

– Filme donc leurs petites affaires dans la rue.

J'ai applaudi intérieurement.

– C'est une idée géniale.

Wang Yichuan a souri :

– Géniale ou pas, c'est le moment ou jamais de venir à bout de ces canailles.

– Vous avez raison, il faut combattre le mal par le mal.

– Toi, tu as encore lu ça dans un livre.

– Certainement pas, je n'ai même pas le brevet des collèges.

– Ne t'énerve pas : les qualités comme la bravoure et la vivacité d'esprit suffisent pour sortir du lot. Je vais te dire, a-t-il ajouté en me regardant droit dans les yeux, à ceux qui te reprochent d'avoir grimpé les échelons un peu vite, moi je réponds que seuls m'importent les résultats.

– Merci, Chef.

Après son élection à l'Assemblée populaire nationale, Wang Yichuan est parvenu à réunir sept millions de yuans à la banque du Commerce et de l'Industrie qui lui ont ensuite servi à construire un hôtel grandiose sur la rive est. Le soin de superviser les travaux m'a tout naturellement incombé, j'ai par conséquent été bloqué sur place un certain temps.

Quelques jours auparavant, j'avais téléphoné au professeur Huo qui m'avait appris que grande sœur Xia avait obtenu un emploi. Puisqu'il avait fait un geste, je pouvais momentanément accorder un sursis à ce vieil idiot de Huo Guoxiong.

Au croisement de l'avenue de l'Est et de la rue Tongqing s'était ouverte une nouvelle boutique de vêtements : « Susu ». Passant par-là, on pouvait voir la jeune et avenante propriétaire des lieux venir à notre rencontre. On ne regrettait jamais la visite car chacun des modèles exposés à l'intérieur avait un certain cachet et l'on profitait, en outre, des conseils que la patronne ne manquait pas de dispenser très gentiment. À bien l'écouter, on ne manquait pas de se découvrir dans le miroir vêtu d'un assemblage de vêtements auquel il n'y avait rien à redire, presque tous les défauts physiques avaient été habilement dissimulés. Tout cela, évidemment, si on était du sexe féminin. En effet, Su Li vendait exclusivement des vêtements pour femmes ; si elle avait ouvert une boutique mixte, je sais très bien que nombreux auraient été les visiteurs intéressés par autre chose que sa marchandise.

Surveiller les travaux n'était pas de tout repos, la tâche n'avait cependant rien d'éreintant à condition que l'on sache commander et qu'on ait suffisamment de main-d'œuvre.

Ce jour-là, Jin Laosi dirigeait l'équipe de service pendant que Gong Jianzhang et Bian Mao patrouillaient, l'un sur l'avenue de l'Est, l'autre sur celle de l'Ouest. Assis dans la boutique de Su Li, je regardais au-dehors : l'obscurité profonde déchirée çà et là par l'éclat des lumières de la ville, le visage des passants qui, à peine entrevus, disparaissaient aussitôt, tout cela paraissait irréel. J'avais l'impression d'être dans un rêve. Peut-être était-ce vraiment un rêve, peut-être était-ce en rêve que j'avais assassiné tous ces gens, seulement en rêve aussi que Lu Dayou avait trépassé. À mon réveil, Grand-Mère, Papa, Maman et moi serions de nouveau réunis. Je demeurai enveloppé dans cette sensation apaisante jusqu'au moment où des gens entrèrent en trombe dans le magasin, essoufflés.

La vie est un tissu d'emmerdes : des chaînes te retiennent et lorsque tu entreprends de te libérer de l'une d'elles, les autres t'immobilisent, interdisant toute dérobade. Sans compter que la plupart des embûches est causée par des gens qui ont une coquille vide à la place du cerveau. Lorsque je me suis précipité au chantier, Jin Laosi se tenait là, debout devant moi, la tête basse et le cadavre du jeune ouvrier recruté parmi les clandestins était déjà raide et froid.

– Qu'est-ce qu'il a volé ?

– Un bout de tube d'acier.

– Qui s'en est chargé ?

Jin Laosi n'a pas desserré les dents et tous les copains ont fait de même alors j'ai compris que c'était son œuvre. J'aurais peut-être dû, en tant que digne remplaçant de Hu Tou, lui administrer sur le champ une bonne correction mais pour moi, le principe était simple : celui qui dépassait la ligne jaune, je lui disais adieu et je ne posais plus jamais les yeux sur lui.

– Grand frère Long, que comptes-tu faire ?

Le chef d'équipe, terrifié, était venu me trouver.

– Comment cela ? Tu embauches des types qui ne sont pas nets et tu me demandes d'arranger cela ?

– Grand frère Long, toi, tu peux régler le problème.

– Moi ? Il est interdit d'embaucher des ouvriers clandestins. Tu tiens absolument à engager ce genre de tortue molle parce que cela te convient.

– Grand frère Long…

– Qui d'autre est au courant ?

– Personne.

Heureusement, il n'avait pas été tué en public. Je me suis concentré et puis j'ai demandé en désignant le cadavre :

– Combien sont originaires du même coin ?

– Un seul.

– D'où viennent-ils ?

– De la campagne du district de Feilong.

– Alors voilà ce qui va se passer : toi, tu vas clouer le bec à ce mec ; Jin Laosi va faire disparaître les affaires de celui-ci immédiatement. Si on vous pose des questions, vous n'aurez qu'à répondre qu'on l'a flanqué à la porte parce qu'il volait.

Sur ce, je suis reparti. Pour régler les nombreux problèmes qui, à première vue, semblent extrêmement compliqués, il suffit souvent d'employer les moyens les plus simples. Une vie humaine avait été balayée tel un brin de paille au vent ; autrefois, on disait que la vie humaine ne valait pas plus qu'un fétu de paille : il semblerait que l'adage soit toujours de mise.

Une fois la construction de l'hôtel du Grand Fleuve achevée, je suis devenu chef de la sécurité. Wang Yichuan a proposé un emploi à Su Li dans la partie résidence de l'hôtel mais elle préférait manifestement la vente de ses vêtements.

– Demande à Liu Yanmei, ai-je suggéré à Wang Yichuan.

Il y eut un silence puis il s'est finalement décidé à me dire :

– Par égard pour Hu Tou, je devrais évidemment lui procurer du travail mais j'ai bien peur qu'elle ne soit incapable de faire quoi que ce soit vu son état.

Je ne pouvais pas le contredire. La drogue avait détruit Liu Yanmei, mine de rien ; elle était capable de coucher avec le premier venu pour quelques grammes. Elle faisait le désespoir de sa famille. Si elle continuait comme ça, on retrouverait tôt ou tard son cadavre au coin d'une rue comme un tas de bois mort. J'ai décidé que je l'emmènerais quand j'aurais le temps au centre antidrogue du district. Je tenais absolument à faire tout ce qui était en mon pouvoir pour avoir la conscience tranquille. J'avais beaucoup de considération pour Hu Tou, tu sais. Passer un moment avec lui suffisait à modifier profondément ton destin. Les types comme Gong Jianzhang ou Bian Mao se montraient dociles et soumis devant moi, mais Dieu seul sait ce qu'ils faisaient dans mon dos. Je devais rester sur mes gardes et être prudent. Tous les gars qui gravitent dans ce milieu doivent être rusés et circonspects pour tirer leur épingle du jeu, tous sans exception, il ne faut pas l'oublier.

Aujourd'hui, si tu regardes les nouvelles régionales, il se peut que tu tombes sur le sourire figé de Wang Yichuan. Le sourire ne lui sied guère mais cet horrible rictus n'a jamais empêché les chaînes de télévision de lui offrir l'occasion d'apparaître à l'écran. Qui trinque avec le maire de la ville et l'appelle son frère se verra toujours estimé et respecté. À présent, Wang Yichuan était un honorable commerçant qui opérait en toute légitimité, un fervent spécialiste des mouvements sociaux. Personne ne cherchait à comprendre comment il en était arrivé là et quand bien même aurait-on enquêté, le résultat eût été plus proche de la légende que de la réalité. En fait, il suffit de réussir et personne ne s'inquiète de savoir si les moyens employés ont été honnêtes ou pas ; personne ne risque de venir te chercher des poux même si certains ont eu à en pâtir ou ont perdu la vie. Wang Yichuan a réussi parce qu'il en était conscient. De tous ses subalternes, j'étais celui auquel il avait confié le plus de pouvoirs, j'aurais dû me réjouir de le voir sur l'écran de télévision mais je me sentais mal à l'aise, j'attrapais donc la télécommande et changeais de chaîne. Il faut que je t'explique : j'avais désormais mon appartement à moi, un quatre pièces dans les nouveaux quartiers. Su Li l'avait très joliment aménagé, il faisait pâlir d'envie ses copines. Sa mine réjouie et comblée m'encourageait à braver des dangers encore plus grands. Les hommes feraient n'importe quoi (sinon perdre leur honneur) pour rendre un peu plus heureuse leur bien-aimée. Nous n'étions pas encore mariés mais nous formions un vrai couple. Nous nous considérions ainsi, nos amis aussi, jusqu'à Wang Yichuan qui nous demandait quand était prévu l'enfant.

Le mois le plus chaud de l'année n'est pas le mois de juin mais le mois de septembre. La période de chaleur du « Tigre d'automne », début septembre, était si terrible que des gens en mouraient. Moi, je n'avais qu'une envie : me mettre tout nu et me réfugier dans le réfrigérateur. À la maison, je ne me gênais pas. Au début, Su Li, le feu aux joues, me reprochait mon absence de pudeur mais elle avait fini, elle aussi, par se mettre presque nue. C'était vraiment chouette car nous pouvions, quels que soient l'heure ou l'endroit, donner libre cours à nos envies. Une fois, Su Li épluchait des légumes à la cuisine, je m'étais glissé dans la pièce et je l'avais prise par derrière. Le bruit du hachoir sur la planche à découper nous avait terriblement excité et nous avions atteint l'orgasme en un temps record. Une autre fois, j'avais entendu du salon Su Li faire pipi, je m'étais mis à bander et j'avais foncé dans la salle de bains. Elle n'avait pas terminé et s'était gentiment mise en colère :

– Va-t-en d'ici, et vite !

– J'ai envie de toi, avais-je dit, tout guilleret.

Elle s'était relevée, rouge jusqu'aux oreilles, et je m'étais appuyé contre le mur, épuisé, le temps de reprendre des forces ; puis je l'avais prise encore et encore jusqu'à ce que sa bouche ne puisse plus émettre un seul son. Par la suite, elle m'avait avoué :

– Ce jour-là, j'ai trouvé que tu te comportais comme un voyou inconvenant mais en même temps, Dieu sait pourquoi, j'ai trouvé cela particulièrement excitant.

C'est vrai, la pudeur n'existe plus quand on fait l'amour : seul importe le plaisir.

À part Su Li, la fille que j'allais retrouver le plus souvent était Chen Lizhen, Jolie Perle. Elle travaillait comme hôtesse à l'accueil de l'hôtel (je l'avais fortement recommandée pour cet emploi). Il faut savoir que l'hôtel du Grand Fleuve ne recrutait pas son personnel n'importe comment : pour y être embauché, un membre du gang devait se porter garant ; les autres recrues appartenaient à coup sûr à la mouvance de la Sécurité publique. Nous avions beau nourrir ces diables, ils nous tenaient entre leurs griffes et ne nous lâchaient jamais. Il arrivait qu'ils décident de se retourner contre nous : alors ils nous renvoyaient en s'attribuant nos mérites et en réclamant les récompenses qui nous revenaient. Voilà pourquoi je voulais que Chen Lizhen leur tire les vers du nez.

– Vers quel nouveau mouvement de lutte des classes allons-nous ?

– Le chef Yang dit qu'ils ont procédé à une nouvelle répartition des tâches et que chacun recevra cinquante mille yuans si l'objectif est atteint en fin de mois.

– Suffit comme ça, tu vois bien que je suis occupé à autre chose.

J'ai rembarré Chen Lizhen et j'ai accéléré la cadence.

– Vas-y. Je veux que tu y ailles encore plus fort.

Les propos qu'elle tenait au lit étaient aguichants au possible de sorte que la petite chose flétrie se mettait immédiatement au garde-à-vous. Dans ces moments-là, les sons ont une très grande importance : que l'on parle fort ou tout bas, que le ton monte ou descende, qu'on dise n'importe quoi, la parole doit accompagner le geste. De ce point de vue, je n'avais jamais rencontré une fille aussi douée. Et pourtant, cette fois, je n'avais pas le cœur à l'entendre. Je me demandais pourquoi le gouvernement ne sortait pas un texte autorisant la constitution de quartiers de prostitution sur lesquels il aurait officiellement perçu des impôts. Au lieu de cela, bordel de merde, non seulement ils ne pouvaient pas vraiment les interdire mais en plus ils montaient des opérations commandos pour mettre le grappin sur les clients des maisons closes auxquels ils infligeaient des amendes, nous rendant du même coup la vie impossible. C'était vraiment vouloir en tirer profit sans perdre la face (deux priorités pour eux). En réalité, leur image s'était depuis longtemps ternie à ce jeu-là.

– Je voudrais venir sur toi, tu veux bien, dis ?

Je me suis retourné sur le dos et, les deux mains sous la nuque, j'ai fermé les yeux. Chen Lizhen allait et venait sur moi, de haut en bas, de droite à gauche, je n'avais même pas besoin de m'agiter. Son cul valait celui de Yang Guifei * ; elle savait onduler et, au moment crucial, vous enfermer et vous retenir « prisonnier ». C'était une

* *Yang Guifei :* célèbre concubine de l'empereur Xuanzhong de la dynastie des Tang entrée au palais en 745.

jouissance incomparable : une jouissance infiniment supérieure à celle de l'empereur Tang car, en la matière, même Yang Guifei ne lui arrivait pas à la cheville. Je ne sais plus combien de temps elle est restée sur moi, tétanisée, complètement trempée de sueur. Je lui ai essuyé le visage et je l'ai embrassée.

– Grand frère Long, avec toi, je me sens super bien, vraiment.

Modestie de sa part car je ne devais qu'à elle d'être aussi détendu. Sentimentalement parlant, Su Li me comblait, mais je satisfaisais pleinement mon appétit sexuel avec Chen. Si dangereuse que fût ma vie, je connaissais le bonheur grâce à elles deux.

Le bonheur, c'est un ensemble, tu comprends ?

En octobre, le bar le plus en vogue de la ville avait ouvert ses portes sur l'avenue de l'Est : La Frénésie sauvage, nom pour le moins éloquent ; l'atmosphère y était plus extraordinaire encore : dans cet espace étriqué, des dizaines de jeunes gens, les yeux à demi fermés, remuaient en tous sens, se secouaient et parlaient fort. Partout, une orgie de lumière et de musique. La piste de danse semblait couverte de lampions multicolores qui tournaient et tourbillonnaient. C'était de la danse, de la vraie. Les mollassons buveurs d'eau qui, d'un air guindé, s'efforçaient de chanter et de danser, détonnaient par leur ridicule. Généralement, après avoir vidé une bouteille de bière, Su Li et moi nous faufilions sur la piste. Puis, grisée d'avoir trop dansé, Su Li rejetait d'une main ses longs cheveux en arrière comme quand elle était sur moi et que nous faisions l'amour. Danser, sauter, c'était une façon de faire l'amour, se bagarrer aussi et même tuer, des exutoires en quelque sorte, des moyens pour laisser libre cours à nos désirs profonds, des impulsions vitales.

Un individu s'était peu à peu rapproché de nous. La piste de danse était si resserrée qu'il était généralement extrêmement difficile de changer de place. Certes, des danseurs exténués s'en allaient et d'autres s'y glissaient à la recherche d'un peu d'espace libre mais j'aurais juré que celui-là avait une intention d'un autre ordre. Il s'agissait juste d'une intuition de ma part mais mon sixième sens est infaillible : cet homme allait nous porter la poisse, c'était sûr et certain. Avant même qu'il ait fait le moindre geste, je lui ai envoyé un coup de genou entre les cuisses, lui éclatant quasiment les couilles. Pas le choix : il tenait un couteau dans son dos. Je m'en suis emparé : sa lame mince et froide scintillait d'un éclat bleuté.

Nous nous trouvions dans un appentis de l'arrière cour de l'hôtel du Grand Fleuve lorsque le type est revenu à lui. Cette pièce était réservée exclusivement aux séances de torture. Deux acolytes m'accompagnaient, des gars à mon service qui s'étaient chargés de porter l'individu jusqu'ici.

– Qui t'a envoyé ?

Sur son visage livide, un sourire méprisant tordait l'horrible balafre qu'il avait au coin de la bouche :

– Tu devrais arrêter de gaspiller ta salive.

Je n'avais pas vu un tel respect de l'éthique professionnelle depuis longtemps.

– Très bien, j'arrête, mais rappelle-toi une chose: tu ne devais pas empoisonner la lame de ton couteau, c'est contraire à nos règles.

Dans la salle de torture, où la bande était réunie presque au complet, se trouvait un cahier joliment estampillé. Je l'ai ouvert à une page au hasard et j'ai annoncé:

– La vipère sort de la grotte.

La dite «vipère» était une baguette en bois deux fois plus grosse que celles dont on se sert pour manger, longue d'un demi-pied avec une poignée à son extrémité, criblée d'échardes de bois sur toute sa longueur. Un jeune du gang lui a ôté son pantalon et l'a mis à terre, le cul à l'air, en lui maintenant la tête. Visant l'anus, la baguette s'est enfoncée lentement à l'intérieur. La bouche obstruée, notre proie essayait de se redresser mais les deux gars qui l'immobilisaient ne lui laissaient aucune chance. Quand seule la poignée a dépassé, le jeune camarade qui actionnait l'instrument de torture a marqué un temps puis il a violemment retiré l'engin: voilà ce que nous appelions «sortir de la grotte». À peine le balafré s'était-il redressé dans un sursaut que la douleur l'a immobilisé. Une masse de chairs sanguinolentes est apparue et, avec elle, une odeur nauséabonde.

Le visage dégoulinant de sueurs froides, le balafré m'a fixé, les yeux rouges. J'ai levé le pouce et j'ai tourné deux pages du cahier au hasard.

– Mettre le feu et brûler la montagne.

Le balafré s'est retrouvé pendu par les pieds, les cheveux copieusement enduits d'huile de colza. Ils ont pris un briquet pour y mettre le feu et aussitôt les flammes se sont mises à danser dans l'air. S'il en réchappait, le lascar n'avait plus qu'à se faire bonze et à se retirer en haut de la montagne. L'ennui, c'est que son crâne brûlé évoquerait davantage un charbonnier qu'un moine.

Nous l'avons redescendu et je lui ai dit :

– À quoi bon t'être donné tout ce mal ? Ce n'est quand même pas pour gagner trois sous ? Si tu parles, je te les donne.

– Tu me prends vraiment pour un minable, Chu Xiaolong.

J'ai l'ai regardé droit dans les yeux :

– Des comme toi, on n'en voit plus beaucoup. Ce n'est pas seulement pour de l'argent que tu es venu me faire la peau, pas vrai ?

Les lèvres serrées, il a grogné quelque chose en contractant sa mâchoire inférieure qu'on eût dite taillée à la serpe. Cela m'a aussitôt donné une idée.

– Tu étais parent avec Jie Xiaodong ? ai-je demandé.

J'ai lu la surprise dans ses yeux.

– Tu es digne d'être son frère, tu as du cran. Le courage est rare de nos jours. Je t'avoue que je l'admirais ; je m'entendais bien avec lui et s'il n'avait pas assassiné mon frère, nous serions très probablement devenus amis au lieu de nous entretuer. Mais on n'y peut rien, une vie pour une vie, c'est la loi du milieu. Voilà pourquoi tu veux m'abattre et je ne t'en blâme pas, je vais même t'en fournir l'occasion : quand tu auras soigné ta plaie, nous nous affronterons en combat singulier.

Une étincelle s'était mise à briller dans le regard du balafré.

– Mais à une condition : tu dois me dire qui t'a renseigné sur moi.

Il a refusé de la tête.

– Parle, c'est ta dernière chance si tu veux venger Jie Xiaodong.

Il a fermé les yeux.

– Je me doute qu'il s'agit d'un gars de ma bande. Sache une chose : que ce soit Jie Xiaodong ou Fei Zhu, ils ont mérité leur sort. Cet homme est très malin, il se sert de toi, tu es son jouet.

Il a rouvert les yeux :

– Si je parle, que comptes-tu faire ?

– C'est très simple, tu vas tout raconter au chef de notre gang : comment cet homme est rentré en contact avec toi et combien il t'a promis, tu vas tout lui dire. En ce qui nous concerne, nous conviendrons d'un rendez-vous pour nous battre et nous demanderons à des amis d'être nos témoins. Si je ne suis pas à la hauteur et que tu me tues, personne de chez nous ne te fera d'ennuis. À toi de voir.

– Promis ?

– Promis.

– C'est Gong Jianzhang.

J'ai eu un coup au cœur mais j'ai encaissé sans rien dire.

Le second de Gong Jianzhang s'appelait Chen Ming. Nous étions assis l'un en face de l'autre. Un tout petit bonhomme que les gars de la bande n'hésitaient pas à malmener et qui y aurait laissé la peau depuis longtemps si Hu Tou n'avait pas autrefois été là pour le couvrir.

– Je suis allé voir Hu Tou il y a deux jours.

– Je n'ai pas eu le temps ces derniers temps mais j'irai après-demain.

– À part moi, c'était toi son meilleur ami. Te rappelles-tu comment nous nous sommes rencontrés ?

– Bien sûr. Hu Tou te connaissait à peine quand il est venu nous dire que tu étais un type redoutable. Personne n'y a cru et on a voulu que Bian Mao se batte en duel avec toi : par deux fois, tu l'as mis à terre. À compter de ce moment-là, j'ai été convaincu : tu étais le plus fort.

– On est tous membres de la même bande, pas besoin de savoir qui est le plus fort. À mon sens, quand il y a à manger, tout le monde doit en profiter et quand il y a de l'argent, on doit le partager ; j'agis ainsi par crainte de ne pas être équitable.

– Quand grand frère Long dit quelque chose, personne ne doit y trouver à redire.

– Je ne veux pas que tu penses comme ça. Signale-moi si j'ai commis une erreur dans l'affaire Hu Tou.

Comme il ne disait rien, j'ai soupiré :

– En réalité, tu sais comme moi que je n'ai jamais eu l'intention de me retrouver là où je suis. Si j'ai accepté, c'est seulement pour remplacer Hu Tou et faire ce qu'il aurait fait. Je n'ai rien contre le fait que quelqu'un brigue ma place et je suis prêt à la céder immédiatement à condition que tout le monde soit d'accord : à vrai dire, il semblerait qu'une main infâme et peu soucieuse de la camaraderie entre membres d'un même gang s'apprête à me frapper par-derrière sans prévenir.

– Parle en toute franchise, grand frère Long, je suis avec toi.

– Hier au soir, quelqu'un m'a agressé et m'a fichu par terre. Il a prétendu être envoyé par Gong Jianzhang. Je crains qu'il ne m'ait raconté n'importe quoi alors je voulais te demander ton avis.

Chen Ming a sorti une cigarette. Il l'a allumée et en a tiré une bouffée interminable, puis il l'a jetée par terre et l'a écrasée.

– Ces deux derniers jours, il avait l'air un peu bizarre mais je suis formel : il n'a pas pu faire ça.

– Je n'arrive pas non plus à le croire. En général, les gens exagèrent et la rumeur s'amplifie. Cela dit, je ne pense pas qu'il me porte dans son cœur.

– Ce type cache pas mal de choses, on ne peut pas vraiment savoir ce qu'il a en tête.

– Il est en effet redoutable et il calcule bien : s'il m'avait réglé mon compte, les soupçons se seraient portés sur Jin Laosi et il en aurait profité pour le tuer à son tour. Il ne serait resté que Bian Mao, qui est son allié, il aurait donc fini par prendre ma place.

– Je peux le faire disparaître si tu m'en charges.

– Il n'y a rien qui presse. Garde un œil sur lui et

préviens-moi s'il fomente quoi que ce soit. Je dois en discuter avec le chef avant d'agir.

Sur les bords du fleuve soufflait un air malsain, l'atmosphère était tendue. Gong Jianzhang et moi marchions côte à côte : je ne pouvais pas me permettre de le laisser derrière moi et lui n'aurait certainement pas osé avancer devant. Il avait la mine sévère et le regard froid. Je devais beaucoup lui ressembler à certains égards. Tout comme moi, il avait un tempérament bien trempé, ce qui expliquait les accrochages entre nous : c'est comme pour les pôles d'un aimant, deux personnalités trop proches se repoussent quand bien même elles sont de même nature.

– Je sais que tu me soupçonnes et je n'y peux rien.

Gong Jianzhang, désarmé, a longuement soupiré. L'animal jouait très bien la comédie et, même sans preuve de sa trahison, j'aurais singulièrement commencé à douter. Son attitude augmentait l'aversion que je ressentais pour lui : je lui en voulais autant que je m'en voulais à moi-même.

– Il y a beaucoup de gens qui ne m'aiment pas, a-t-il dit en me regardant, je ne sais pas qui lance ces accusations calomnieuses dans mon dos.

– Ceux qui ne m'aiment pas sont encore plus nombreux.

– Tu crois que j'en fais partie ?

– Ce n'est pas moi qui le dis.

– Je ne vois vraiment pas où tu veux en venir.

Le ton montait, l'atmosphère devenait de plus en plus tendue. Je me suis immobilisé et, d'un air indifférent, je l'ai averti :

– Une crise dans le milieu, c'est mauvais. Alors c'est toi ou moi.

– Grand frère Long…

Il me fallait être méchant et cruel pour ne pas avoir à craindre des représailles toujours possibles.

– Je veux voir le chef.

– Ton compte est bon, tu n'as plus aucune chance de t'en tirer.

Son habileté au combat n'était pas à négliger mais il était moins rapide que moi, d'autant qu'en plus d'être tendu la panique s'était emparée de lui. Il frappa les premiers coups n'importe comment et accumula les fautes. Après l'avoir écrasé, j'ai éprouvé un sentiment de vide, une impression de manque en regardant son sang trouble couler à flots.

Il faut avouer que cette histoire avec Gong Jianzhang m'a fichu un sacré coup : je n'aurais jamais pu imaginer que l'un des nôtres aille me faire un enfant dans le dos. La trahison d'un frère peut entraîner plus de dégâts que le complot d'un ennemi : j'aurais volontiers accepté d'affronter trois adversaires à la fois mais je n'acceptais pas d'être trahi et vendu par un ami. Le pire était arrivé mais à quoi bon ruminer et ressasser toute cette histoire ? Je me consolais ainsi mais je n'étais pas satisfait pour autant.

Je n'ai pas pour habitude de noyer mon chagrin dans l'alcool : selon moi, c'est un comportement de lâche. Il ne me restait donc plus qu'à faire l'amour, démesurément et sans contrainte, et m'enivrer, coup de rein après coup de rein, dans le tourbillon des plaisirs de la chair. Je fermais les yeux, j'oubliais l'identité de la fille que je chevauchais et je m'envolais, seul, tout là-haut ; plus j'allais loin dans le ciel et mieux je me sentais, jusqu'à ne plus avoir envie d'éjaculer parce qu'après c'est la chute, une chute inexorable ; des plus hautes sphères, on redescend immanquablement sur terre et le plaisir fait place à un vide plus abyssal encore. Brusquement, j'ai compris ce qui m'angoissait le plus dans la vie.

Le balafré est réapparu, plus déterminé et plus énergique que jamais. L'imminence d'une lutte à mort l'avait mis dans un état de nervosité maximum. J'avais espéré qu'il aurait largué les amarres mais il avait décidé de se consacrer corps et âme à la vengeance de Jie Xiaodong. C'était un type farouchement résolu et d'une loyauté à toute épreuve, un animal rare, une race en voie d'extinction. Je le respectais, je n'avais aucune envie de le tuer mais il me fallait trouver le moyen de le calmer. Même si j'acceptais de mourir, mes amis n'auraient pas admis ma défaite car, en perdant la bataille, non seulement je perdais la vie mais je leur faisais perdre la face à eux aussi. On est aventurier contre son gré : c'est la pure vérité mais c'est aussi l'aveu de notre plus tragique impuissance.

Il avait été décidé que le combat aurait lieu sur une montagne à la périphérie de la ville. Tous les hommes que j'avais sous mes ordres étaient réunis ; le balafré avait racolé quelques garçons du milieu pour lui servir de témoins. Je savais que beaucoup avaient parié de l'argent sur l'issue du combat dans notre dos, sans pour autant oser sortir à découvert. Du même coup, le balafré et moi étions devenus des actions entre leurs mains. J'avais horreur de cette pratique mais je n'avais pas les moyens de l'interdire, de même que je ne pouvais pas les empêcher d'escroquer les gens, de vendre de la drogue et de coucher avec les amies de leurs amis.

Nous étions convenus d'utiliser des poignards de longueur identique. Leurs lames reflétaient les rayons du soleil et étincelaient d'un éclat aveuglant. Je regardais l'homme du coin de l'œil, pas son arme ; j'avais en ligne de mire la partie supérieure de son corps et j'étais attentif au moindre de ses mouvements. J'avais la main sûre mais j'étais malheureusement un peu trop raide dans mes postures peut-être à cause d'une trop grande tension nerveuse. Plus tard, on a vanté ma décontraction et ma force tranquille, cela m'a gentiment fait rigoler : comment pouvait-on savoir mieux que moi ? J'avais ressenti un indicible dégoût m'envahir au point que j'avais manqué envoyer balader mon poignard et partir aussi loin que possible. Mais je m'étais aussitôt maîtrisé et j'avais fermement empoigné mon arme car l'autre était en train de se jeter sur moi.

Un poignard peut s'utiliser de multiples façons mais toujours selon un seul et unique principe qui consiste à atteindre l'adversaire avant qu'il ne parvienne à te toucher ; c'est pourquoi il faut de la rapidité, de la précision et aussi pas mal de cruauté. Il y a une expression qui dit : « Si tu es magnanime, ne va pas te bagarrer ; si tu vas te bagarrer, ne sois pas magnanime », c'est très vrai. Le balafré n'était en rien magnanime, tout ce qu'il voulait c'était te faire très mal. Il portait ses coups d'une main sûre mais il avait un défaut : son esquive manquait d'agilité ; il n'était pas assez rapide non plus. Au bout de trois minutes, le couteau lui avait échappé des mains et était allé se planter dans le sol un peu plus loin. Il était blême, le bras droit dégoulinant de sang. Je lui ai fait signe de la main : Fiche-moi le camp. Il n'a pas déguerpi, il s'est précipité pour ramasser son poignard et revenir à la charge. De sa main gauche, il assénait des coups à tort et à travers. J'ai fait appel à sa loyauté : Pourquoi est-ce que ce sont toujours les meilleurs qui doivent y passer ?

Pendant longtemps j'ai cru voir mes mains souillées de sang. J'ouvrais le robinet et je les lavais sans cesse, je les enduisais de savon, je les frottais comme un malade et, malgré tout, du sang continuait de se mêler à l'eau glacée du robinet jusqu'à remonter peu à peu sur mes bras. J'ai été pris de panique et je me suis demandé si je ne devais pas mettre un terme à ces activités et changer de vie.

L'obscurité avait laissé place à une lueur bleutée, j'avais l'impression d'être assis à l'intérieur d'une coquille fragile gorgée d'eau. J'avais abandonné tout espoir de la briser. De même, je m'étais résigné à ne plus tuer. J'avais assassiné de nombreuses personnes pour de nombreuses raisons : un seul crime avait suffi à causer ma perte. Si, au lieu d'exécuter Huo Guoxiong, le Secrétaire du Comité, j'avais assassiné un travailleur clandestin ou un chef de bande, je n'aurais certainement pas eu d'histoires. Certes, les hommes sont tous mortels mais certains morts ont plus de poids que le mont Taishan et d'autres moins qu'une plume ; Huo Guoxiong pesait autant que le mont Taishan, et la plume, c'était moi. Notre société est ainsi faite, je l'ai appris à mes dépens. Mais quand bien même j'aurais deviné la fin, je l'aurais tué quand même ; rien ne pouvait m'empêcher d'entreprendre cette opération risquée, ni Su Li ni moi-même. Le désir de vengeance est la force la plus redoutable au monde.

Huo Guoxiang, à bord d'une Santana, se rendait au chef-lieu de district. J'avais été prévenu qu'il venait assister à une conférence sur l'organisation du travail politique et judiciaire de l'ensemble de la ville. On m'avait même fourni son numéro de cellulaire ; à l'évidence, j'avais employé mon argent à bon escient. Ma renommée dans le milieu avait été décisive pour convaincre mon informateur de me fournir le renseignement. C'est bien la preuve que l'argent ne suffit pas toujours, il faut aussi être puissant. Avoir les deux et tout savoir, que vous le vouliez ou non, voilà la vérité.

Les dirigeants qui venaient en ville assister à la conférence logeaient généralement à l'hôtel Méridional ce qui agaçait Wang Yichuan ; il avait beau grincer des dents, il n'y pouvait strictement rien et s'y était résigné. L'hôtel du Grand Fleuve était un établissement de catégorie supérieure, mais il était surtout apprécié par les élites de la génération montante car tous ceux qui n'étaient pas encore solidement établis professionnellement pouvaient y entrer en relation. En ce qui me concerne, c'était une chance car si Huo Guoxiong était venu à l'hôtel du Grand Fleuve, j'aurais été condamné à attendre sagement qu'il parte pour envisager quoi que ce soit. Sachant qu'il séjournait au Méridional, je pouvais agir sans aucun scrupule.

Papa, Maman, aidez-moi, bénissez-moi !

Chen Lizhen avait une amie qui s'appelait Xiao Lan, Orchidée, et travaillait à l'hôtel Méridional. Xiao Lan n'était pas particulièrement jolie mais elle pratiquait le *kung-fu* à merveille ce qui lui valait une certaine réputation dans le milieu des dirigeants fréquentant l'hôtel. Elle était assise devant moi, les yeux baissés.

Je lui avais fait part de mes intentions. Elle avait jeté la cigarette qu'elle avait à la main.

– Pas de problème. Grand frère Long n'a qu'à demander et Petite Sœur fera de son mieux.

– Rassure-toi, je ne serai pas ingrat avec toi.

– Inutile de préciser. Je connais les façons de grand frère Long.

Elle m'a lancé un regard charmeur :

– On m'a dit que grand frère Long était un as du *kung-fu*.

J'ai vu que Chen Lizhen riait sous cape. Je devais me rendre à l'évidence : je n'allais pas pouvoir y échapper, sans compter que je souhaitais vraiment découvrir l'art consommé qui avait rendu Xiao Lan célèbre : la fellation.

Il y a autant de différence entre aimer un instrument et savoir en jouer qu'entre boire du vin ou n'importe quelle autre boisson insipide. Goûter est à la portée d'un amateur. Su Li s'y était essayée plus d'une fois mais elle ne m'avait jamais pleinement satisfait. La bouche de Xiao Lan était une experte peu ordinaire et j'ai fermé les yeux. Le bout de sa langue agile m'a longuement léché, gratté, effleuré, frotté, comme une danse au son d'une musique entraînante. Elle savait vraiment jouer de cet instrument, jusqu'à me conduire à l'extase. Lentement, elle m'a emporté au-delà des nues. Le flux et le reflux du plaisir allait et venait au rythme de l'air qu'elle jouait. Plus d'une fois j'ai atteint la jouissance extrême, j'étais sur le point de craquer quand, tout doucement, elle me faisait redescendre sur terre : impossible de vous raconter à quel point c'était bon.

J'ignore combien de temps s'était écoulé lorsque je lui ai dit en l'attrapant par les cheveux :

– Un peu plus vite.

Elle a tiré de l'instrument le son le plus fort possible. Une marée a déferlé sur moi puis s'est évanouie dans un cri. Xiao Lan a quand même continué à me garder dans sa bouche et, très méticuleusement, elle m'a sucé pour tout nettoyer.

– À moi de te faire jouir maintenant.

Elle a relevé la tête et, en posant son menton sur mon ventre, elle m'a souri : elle était mille fois plus jolie que d'habitude.

Le commerce de Su Li était florissant ; elle était maintenant complètement entrée dans la peau de son personnage : une patronne rompue aux affaires. Je l'ai pourtant forcée à se débarrasser du magasin sans lui laisser le choix.

J'avais tout d'abord pensé agir à l'intérieur même de l'hôtel mais Xiao Lan n'était pas d'accord. Elle avait sa façon de voir et j'y avais adhéré : je craignais trop qu'elle ne change d'avis. La conférence a duré trois jours ; j'ai passé les deux premiers à me morfondre allongé sur mon lit, c'est la première fois que cela m'arrivait. Je n'avais jamais rien laissé paraître auparavant de mes inquiétudes et de mon anxiété, affichant un air très calme, imperturbable. Mon comportement en l'occurrence était extrêmement dangereux. J'ai pris une profonde respiration pour tenter de chasser mes angoisses et retrouver un peu de sérénité.

Mon téléphone portable a sonné.

– Grand frère Long, ils sont dans l'avenue, ils vont au centre commercial du Nouveau Siècle.

– Combien sont-ils ?

– Deux.

Après avoir raccroché, je me suis levé. Ce n'était pas l'occasion idéale mais je n'avais pas envie d'attendre davantage.

Le centre commercial du Nouveau Siècle avait à peine deux ans et le bâtiment était vite devenu l'emblème de la ville. Les habitants du district en balade au chef-lieu devaient au moins y faire un tour, sinon ils considéraient être venus pour rien, sans compter qu'ils étaient la risée du village à leur retour. Pour aller plus vite, j'ai payé un supplément au chauffeur. Après avoir balayé du regard les environs, j'ai pénétré dans le centre tranquillement, sans me presser. Il n'y avait fort heureusement qu'une seule entrée et, comme ce n'était ni un jour de fête ni un jour férié, il n'y avait pas grande affluence, l'inverse m'eût causé de sérieux soucis. Peut-être n'étaient-ils pas encore arrivés ou flânaient-ils dans les rayons du premier ou du deuxième étage ; quoi qu'il en soit, je ne devais pas avoir l'air de chercher quelqu'un. J'ai mis une main dans ma poche en m'efforçant de jouer au client isolé, musardant devant les comptoirs du rez-de-chaussée, me penchant de temps en temps pour examiner les articles exposés dans les vitrines encastrées. On fabrique des choses de plus en plus jolies de nos jours et si je n'avais pas craint que la vendeuse ne se souvienne de ma voix, j'en aurais volontiers fait sortir quelques-unes pour les regarder de plus près. Mon opération de ratissage du rez-de-chaussée s'est terminée sans que j'aie pu apercevoir l'ombre du dénommé Huo. Tête baissée, j'ai lentement gravi les marches menant au premier ; à l'endroit où l'escalier traçait un coude, j'ai de nouveau jeté un coup d'œil en direction de la porte d'entrée mais je n'y ai vu que des femmes aller et venir. Peut-être étaient-ils au premier. L'étage était consacré aux vêtements ; j'y étais venu à plusieurs reprises, réquisitionné par Su Li évidemment. J'étais un peu inquiet, une des vendeuses risquait de me reconnaître ; de toute façon j'avais déjà pris tellement de risques, tant pis ! À la réflexion, il était peu probable que parmi les millions de clients elles se souviennent justement de moi, le bras justicier du monde de la pègre. Je me déplaçais à allure égale entre les rangées de vêtements, sans oser stationner trop longtemps devant l'un d'eux sans quoi une demoiselle serait venue très gentiment me proposer de l'essayer. En dépit de ces précautions, l'une d'elles m'a fixé, tout sourire. Intérieurement, j'ai ragé, pas tant contre elle que contre moi-même. Elle était empressée, avenante et elle ne me déplaisait pas du tout, il faut dire que j'ai vraiment le don pour attirer le regard des femmes. Quand on exerce mon métier, le mieux est d'avoir une physionomie banale, sans le moindre trait distinctif susceptible d'attirer l'attention. Imaginons que pareil individu existe (méchant, cruel, au jugement sûr) : il deviendrait le chef absolu et notre maître à tous. Évitant la vendeuse, je me suis dirigé vers le deuxième étage dévolu aux articles pour enfants ; je n'étais pas un enfant et je n'avais pas non plus une tête à être père ; je ne me suis donc pas attardé, me contentant d'un tour rapide avant de monter au troisième. À cet étage-là, on trouvait principalement du matériel scolaire. Tu ne peux pas imaginer combien j'affectionnais ce genre d'endroit du temps où je fréquentais l'école ; traînant comme toujours mon cartable pourri, j'allais admirer ces superbes stylos et ces adorables cahiers exposés dans les vitrines des comptoirs du magasin. Il n'est pas très difficile de mesurer l'envie et la déception qu'on pouvait lire dans mon regard de gamin qui, en ce temps-là, n'avait droit qu'aux stylos-billes à trois sous et aux cahiers de brouillon qui n'en valaient pas plus de cinq. À présent, j'avais dans ma poche suffisamment d'argent mais ma main ne maniait plus le stylo, elle maniait le couteau. Après avoir détaillé les articles plusieurs fois, j'ai eu envie de fuir alors je suis redescendu en composant un visage indifférent.

– Au voleur ! On m'a volé mon porte-monnaie, vite, arrêtez-le !

En bas, c'était presque l'émeute ; on s'agitait mais personne ne semblait disposé à prendre le voleur en chasse. L'agent chargé de la sécurité à cet étage avait dû se reconvertir en malfrat mais les vendeuses et les clients avaient l'habitude depuis longtemps, ils ne s'étonnaient plus : tout au plus formaient-ils un simple attroupement de curieux, ce qui pouvait déjà être considéré comme une marque de dévouement, d'intérêt envers autrui ; la plupart continuaient à vaquer à leurs occupations, imperturbables, comme si rien ne s'était passé. Le monde est ainsi fait, on n'y peut rien.

Arrivé au second, j'ai vu, en effet, une jeune femme en pleurs entourée de quelques rares spectateurs qui se lamentaient. Elle était si outrageusement maquillée qu'on aurait pu la prendre pour une prostituée. Pour ma part, je lui suis fort reconnaissant de m'avoir fait gagner du temps en me donnant une bonne raison de m'attarder ici. Bras croisés, je me suis arrêté pour écouter ses jérémiades qui n'avaient ni queue ni tête ; ce faisant, je jetais de temps en temps un coup d'œil vers le bas de l'escalier. Cinq minutes plus tard, l'agent de la sécurité est apparu, avançant nonchalamment à notre rencontre ; il avait dû passer la nuit à jouer au mah-jong.

– Camarade, tu vas pouvoir m'aider à retrouver mon porte-monnaie.

Je trouvais ce mot « camarade » comique.

– Cela ne va pas être facile. Ici, nous n'avons pas de surveillance par télévision pour voir qui a fait le coup.

– Zut alors ! Mais à quoi servez-vous, vous autres de la sécurité ?

Les sourcils tombants de la jeune femme s'étaient redressés sous l'effet du courage héroïque dont elle venait de faire preuve.

– Arrête d'insulter les gens comme ça, espèce de bonne femme. C'est quand même pas moi qui te l'ai volé, ton porte-monnaie.

– J'insulte qui je veux. Je te préviens, je ne m'en irai pas d'ici tant qu'on ne me l'aura pas rendu.

– Fais ce que tu veux. Je m'en fous comme d'une guigne, salope.

– Que se passe-t-il ?

Une voix claire et puissante avait résonné. J'ai levé les yeux et j'ai vu Huo Guoxiong. Je dois avouer que le gaillard avait de l'allure et une certaine majesté avec son visage carré, ses sourcils en forme d'épée et son nez saillant. Tous deux intimidés, l'agent de la sécurité et la jeune femme n'ont su que répondre ; les spectateurs se sont mis à parler tous en même temps, livrant leur version des faits. Huo Guoxiong a acquiescé, l'air satisfait, et s'est adressé à la jeune femme :

– Eh bien, vous n'avez qu'à aller trouver le directeur de ce magasin. Voulez-vous que nous venions avec vous ?

L'intéressée n'a pas eu le temps de répondre, l'agent de la sécurité est intervenu, mielleux.

– Ce n'est pas la peine, nous pouvons régler ça nous-mêmes. Mademoiselle, veuillez venir avec moi enregistrer votre plainte.

La plaignante a émis un grognement puis, se tournant vers Huo Guoxiong, elle l'a remercié :

– Merci beaucoup, vraiment.

Huo Guoxiong a hoché la tête en les regardant s'éloigner.

– Misère, les mentalités actuelles, vraiment…

Son bedonnant collègue a approuvé.

– Elle a eu de la chance de tomber sur le Secrétaire Huo.

– Le Secrétaire Huo, quel Secrétaire Huo ?

– Rien qu'à le voir, j'avais compris qu'il s'agissait d'un officiel.

– Un officiel bien charitable.

Le gros lard l'a présenté à la foule en levant le pouce :

– Voici le Secrétaire du Comité politique et juridique de notre district de Feilong, il est venu en ville pour assister à la conférence.

L'ombre d'un sourire énigmatique est apparue sur les lèvres de Huo Guoxiong ; à pas mesurés, il s'est dirigé vers l'étage supérieur.

Selon moi, ils n'allaient pas s'attarder là-haut, aussi me suis-je assis sur une chaise non loin de l'escalier pour les attendre, feignant l'impatience du type dont la copine, véritable malade de la fièvre acheteuse, tarde à revenir. L'attente est quelque chose d'interminable. L'attente de l'ennemi plus encore que celle de notre bien-aimée.

J'ai finalement entendu le bruit de leurs pas.

Mon cœur a fait un bond, je me suis précipité dans les toilettes, juste en face. Il n'y avait que deux cabinets minuscules. Je me suis accroupi dans celui qui était près de l'entrée mais je n'ai pas descendu mon pantalon, j'ai juste verrouillé la porte battante.

Deux hommes sont entrés l'un derrière l'autre, sans un mot. Je les ai juste entendus pisser dans l'urinoir, un jet dru pour l'un, haché pour l'autre comme s'il souffrait de sérieux problèmes de prostate.

Le plus rapide s'est lavé les mains avant de sortir.

Huo Guoxiong a grogné, s'acharnant toujours à faire feu. Je me suis alors approché de lui par la droite et je lui ai collé le poignard contre la jambe. Je me suis tourné vers lui :

– Tu me reconnais, oncle Huo ?

– Ah ! Mais tu es…

– Mon père s'appelait Chu Jiefang et ma mère Long Jiemei.

J'ai parlé très vite mais il a parfaitement enregistré chacune de mes paroles puisqu'il est passé par toutes les couleurs :

– Je ne vois pas ce que tu veux dire.

Je me serais volontiers expliqué mais ce n'était pas le moment. Mon poignard lui a transpercé le cou et je l'ai accompagné doucement jusqu'au sol en lui couvrant la bouche pour l'empêcher de crier. Toute l'urine qu'il avait eu tant de mal à évacuer s'est finalement répandue d'un seul coup.

Lorsque j'ai poussé la porte pour sortir, je suis tombé sur Gros Lard. Je l'ai gratifié d'un sourire mais il a décidé de m'ignorer. Il devait occuper un poste subalterne dans l'administration locale (seuls les minables arborent de grands airs à la première occasion). L'envie m'a vraiment démangé de lui filer un coup de couteau en passant. Je me suis éclipsé discrètement mais, passé le premier angle, j'ai immédiatement pressé le pas. À la sortie, je me suis aperçu de l'agitation dans laquelle je me trouvais. Face au trafic de voitures, j'ai levé la main.

Cette fois-ci, je suis parti dans un camion. Le propriétaire, cousin germain d'un gars à moi, a pris sur lui de nous conduire, Su Li et moi, jusqu'à Nanning. Une fois arrivé, j'ai téléphoné à Wang Yichuan de mon cellulaire.

– Chu Xiaolong, pourquoi as-tu fait cela ?

J'imaginais aisément qu'il devait faire une drôle de tête. Je me suis efforcé de parler le plus calmement possible :

– Vous devinez certainement, Chef.

– Hum !

– J'ai l'intention de me faire un peu oublier.

– Où te trouves-tu ?

– À Nanning.

Il y a eu un moment de silence à l'autre bout du fil puis j'ai à nouveau entendu sa voix :

– Voilà ce que nous allons faire : où que tu sois, appelle-moi une fois par mois. Tu reviendras si les choses se calment ici.

– Entendu. Et excusez-moi, Chef.

– Arrête, tu n'as pas besoin de t'excuser. Toi alors ! Il faut vraiment que tu ailles t'occuper de tous ceux qui se conduisent mal !

Il fallait bien que je venge la mort de mon père, je ne pouvais pas faire autrement.

Après avoir raccroché, j'ai ôté la carte de mon téléphone et je l'ai déchirée en deux avant de la jeter dans les égouts. Redeviendrais-je un jour chef de bande ? J'avoue que j'étais fatigué de tuer.

À Nanning, je n'ai plus jamais entendu parler de ceux qui me traquaient ; ils ont tous capitulé, ne sachant plus où me chercher, comme des chiens sur la piste d'un renard dont ils auraient soudain perdu la trace. Dans ma cachette (un atelier de confection en ville), je ne pouvais me retenir de rire en imaginant la tête de ces tortues molles qui devaient grincer des dents et rager. La propriétaire de l'atelier s'appelait Su Li et moi je n'étais plus que le petit ami de la patronne, condamné au désoeuvrement le plus complet. Parfois, planqué sur le toit, je lézardais sous la douce chaleur du soleil du Sud et je me disais que je serais devenu un grand marginal si j'avais continué à travailler avec la bande. N'étais-je pas en train de tout gâcher et de me saborder ? Un beau jour, finalement, j'ai mis un terme à cette vie d'oisiveté et je suis repassé à l'action. Si ce n'est que, cette fois, je n'ai pas repris le couteau mais un stylo.

Dehors, le vent s'était levé. Dans le Sud, il sait rugir avec les mêmes hurlements que les loups de nos lointaines contrées désertes, les mêmes cris désespérés des âmes perdues en quête de repos. J'avais délibérément choisi de revenir en hiver pour me recueillir sur la tombe de Grand-Mère. Trois ans déjà que tout cela était arrivé, trois ans et nombreux étaient encore ceux qui, tapis dans l'ombre, attendaient mon retour. J'ai toujours soupçonné Wang Yichuan d'avoir averti la Sécurité publique. C'était dans sa nature de ne pas pouvoir pardonner à un subordonné le moindre écart ; il m'en avait sans doute d'autant plus voulu que je n'étais pas allé le voir à mon retour. Mais ce n'était là que pure présomption de ma part, je n'avais aucune preuve tangible. J'étais serein désormais, comme si la fin avait été prévisible depuis le début et je n'en voulais plus à personne. J'avais tellement de sang sur les mains, mon heure était venue de payer et de solder les comptes.

Je m'appelle Chu Xiaolong, Petit Dragon. Aujourd'hui, je vais être conduit et ligoté devant le peloton d'exécution. Je ne laisserai derrière moi que Su Li ce qui, d'une certaine façon, est rassurant. Elle n'a appris la nouvelle qu'avant-hier et elle est accourue aussitôt : quand je repense à sa tête, j'en ai le cœur serré. Pour celui qui doit mourir, la mort est une bénédiction, une totale libération mais pour ceux qui restent, elle est d'une cruauté sans pareille.

Ce que je veux maintenant, c'est retrouver Grand-Mère, Papa et Maman ; Su Li devra, quant à elle, subir encore et toujours la peur, les souffrances et les blessures et ainsi poursuivre sa lutte désespérée pour sa survie en ce bas monde.

Dehors, le vent a recommencé à souffler de toutes ses forces et ses cris aigus, ses hurlements tristes ont envahi la terre jusque dans ses moindres recoins.

Que ce monde est froid.

Réalisation : PAO Éditions du Seuil
Achevé d'imprimer par Corlet, Imprimeur S.A.
14110 Condé-sur-Noireau
Dépôt légal : mai 2006. N° 478
N° d'imprimeur : (91749)
Imprimé en France